HEYNE FILMBIBLIOTHEK

Cookie Lommel

MICHELLE PFEIFFER

IHRE FILME - IHR LEBEN

Deutsche Erstausgabe

WILHELM HEYNE VERLAG
MÜNCHEN

HEYNE FILMBIBLIOTHEK
32/170

Herausgegeben von
Bernhard Matt

Titel der Originalausgabe
MICHELLE PFEIFFER
Aus dem Amerikanischen übersetzt
von Michael Görden

Inhalt

Michelle la belle

Die unbekannte Michelle

Michelle Pfeiffer eignet sich wunderbar, um die Widersprüchlichkeit einer Star-Persönlichkeit zu studieren. Sie ist eine Supermarkt-Kassiererin, sie sich zu einer großen Schauspielerin gemausert hat, aber sie glaubt, daß sie noch nicht ihre wirkliche Begabung entdeckt hat. Sie ist ein sexy Strandmädchen, das noch vor wenigen Jahren am liebsten mit Surfern am Wasser 'rumhing, aber jetzt wie eine Oscar-Preisträgerin behandelt wird. Sie führt ein sehr introvertiertes, zurückgezogenes Privatleben, aber sie ist gezwungen, sich andauernd aufdringlichen Journalisten und den gnadenlosen Augen der Kameras zu stellen – und sie bewältigt das mit Bravour. Sie ist das sexuelle Traumobjekt von Millionen männlicher Kinobesucher, aber Michelle Pfeiffer selbst findet ihr Aussehen »alltäglich und unharmonisch«. Wer ist Michelle Pfeiffer? Selbst Michelle scheint es nicht so genau zu wissen. Aber eins steht fest: Ihre Arbeit als Schauspielerin ist so ungewöhnlich, wie ihr Aussehen und ihr Appeal umwerfend sind.

Michelles bis zum Erscheinen dieses Buches siebzehn Filmrollen genau wie ihre Arbeiten für die Bühne und das Fernsehen demonstrieren eine beneidenswerte Vielseitigkeit und ein schillerndes Talent. Anfänglich war Michelle für Rollen gesucht, die keine Charakterdarstellung verlangten, sondern für die ihr feingeschnittenes schönes Gesicht und ihre delikate Figur als Qualifikation ausreichten. Aber sie bewies sehr schnell, daß sie mehr zu bieten hatte. Nachdem sie die kalte und als komplexer Charakter angelegte Elvira St. James in Brian de Palmas *Scarface* Remake (1983) gespielt hatte, bot man ihr in sehr unterschiedlichen Rollen Gelegenheit, den Beweis für ihre sich ständig entwickelnde Begabung anzutreten. So trat sie in John Landis' *Into the Night* (1985, Kopfüber in die Nacht) als cooles »Partygirl« Diana auf, spielte die Rolle einer verzauberten Geliebten, die sich nachts in einen Falken verwandeln muß, in *Ladyhawke* (1985, Der Tag des Falken) und erschien in *Sweet Liberty* (1986) in einer sehr erotischen Doppelrolle als Schauspielerin und ihrem filmischen Widerpart.

1987 hatte Michelle ihren ersten großen kommerziellen Erfolg mit *The Witches of Eastwick* (Die Hexen von Eastwick). Sie spielte Sukie Ridgemont, eine im Übermaß fruchtbare Lokalreporterin, die der Teufel in der sehr vergnüglichen Gestalt eines Jack Nicholson verführt. Mit diesen beachtlichen Credits schaffte sie dann den endgültigen Durchbruch in Jonathan Demmes *Married to the Mob* (1988). Sie spielte die Ehefrau eines leicht verfetteten jungen Mafiosi, die sich von »der Familie« absetzen möchte. In schneller Folge erhielt sie weitere Hauptrollen, die ihren bisherigen Höhepunkt mit *The Fabulous Baker Boys* (1989) fanden – ein Film, der ihre Talente wie maßgeschneidert zur Geltung brachte. Zur Zeit hat sie gerade ihren Part als »Catwoman« im zweiten Teil von *Batman* abgedreht. Die Bandbreite ihrer Schauspielkunst ist tatsächlich verblüffend.

Aber die hochtalentierte ehemalige Supermarkt-Kassiererin aus Orange County in Kalifornien hat selbst einen klaren Blick für das verbindende Element in vielen ihrer Rollen behalten: »Es geht mir wie in einer Komödie. Am Schluß bleibt doch immer wieder die gleiche Rolle an mir hängen: Ich spiele immer die Bodenständige, den Charakter, der den Job hat, glaubwürdig zu sein und nicht unbedingt komisch. Passiert mir jedesmal.«

Wie Michelle instinktiv zu wissen scheint, ist der Schlüssel für gute Arbeit als Schauspieler die Glaubwürdigkeit, und ihre Arbeit zeigt in der Tat, daß sie ihre Rollen ausnahmslos glaubwürdig verkörpert hat. Selbst die meist nicht leicht zufriedenzustellende Truppe der amerikanischen Filmkritiker würde da nicht widersprechen. Ihre Arbeit im Filmgeschäft dauert zwar gerade erst elf Jahre, aber sie hat bereits wichtige Preise gewonnen – als beste Schauspielerin wurde sie von der National Society of Film Critics, dem New York Film Critics Circle, den Chicago Film Critics und dem National Board of Review

Michelle Pfeiffer und Freund Fisher Stevens bei der Oscar-Gala 1990

ausgezeichnet. Dazu gab es den Golden Globe für die beste weibliche Film-Hauptrolle und eine Oscar-Nominierung.

Ohne Zweifel zeigt Michelle in ihren Rollen Charaktertiefe. Aber Fremden gegenüber enthüllt sie ungern etwas von den tieferen Schichten ihrer eigenen Persönlichkeit. Sie gibt gerne zu, daß sie keine Interviews mag und ihnen nach Möglichkeit aus dem Weg geht. Auch in ihrer Arbeit spiegeln sich ihre Selbstzweifel immer wieder, wenn sie echte oder eingebildete Schwächen auszugleichen versucht. Um ihre Rolle in *The Fabulous Baker Boys* vorzubereiten, nahm sie wochenlang Gesangsunterricht, weil sie sich nicht sicher war, ob sie ihre Songs in dem Film alle selber singen konnte. Aber sie konnte – und wie! Ihr Gesang brachte ihr enthusiastische Kritiken ein. In Interviews äußert sie sich sehr vorsichtig und kritisch über ihre schauspielerischen Fähigkeiten: »Ich glaube, daß ich bei meiner Schauspielerei mit Leidenschaft bei der Sache bin, wenn überhaupt mit irgendetwas. Aber wenn ich dann meine fertige Arbeit sehe, habe ich nie das Gefühl, mein Talent wirklich ausgeschöpft zu haben. Und damit quäle ich mich herum.«

Ähnlich schonungslos beurteilt sie ihr beeindruckendes Äußeres. Als Kind, erinnert sie sich, habe sie immer gemeint, daß sie einen Enten-Mund habe. »Mudturtle« – was man wohl am besten mit Breitmaulfrosch übersetzt – wurde sie gehänselt. Das hängt ihr immer noch nach und untergräbt ihr Zutrauen zu einem Gesicht, in das sich längst Millionen Kinogänger verliebt haben. In einem »Esquire«-Interview gestand sie: »In der Schule haben sie mich wegen meiner Lippen gnadenlos aufgezogen. Ich lief dann immer weinend nach Hause. Um mich zu entschuldigen, erzählte ich die Geschichte, daß ich vom Fahrrad voll auf die Nase gefallen sei und meine Lippen davon angeschwollen wären – und die Schwellung ginge jetzt nicht mehr zurück. Später begann ich, die Geschichte sogar selbst zu glauben, bis mir meine Mutter, als ich zwölf war, ins Gewissen redete und darauf bestand, daß ich nie vom Rad gefallen sei.«

Es ist nicht einfach, Michelles Ambitionen zu durchschauen. Am Anfang hätte sie es sich leicht machen können und eine kurze schnelle Karriere mit Auftritten als »Sexbombe« haben können. Aber ihre Trennung von ihrem ersten Agenten, John La Rocca, dem sie vor ihrer Rolle als Anführerin der »Pink Ladies« in *Grease 2* den Laufpass gab, deutet auf die Entschlossenheit hin, sich nicht in solchen »Dummchen«-Rollen verschleißen zu lassen. Von La Rocca ging sie zur William Morris Agentur, um dann schließlich bei Ed Limato von ICM zu landen, der auch Mel Gibson und Richard Gere betreut. Mit ICM wird sie von der neben CAA zur Zeit erfolgreichsten Hollywood-Agentur vertreten.

La Rocca und Michelle haben unterschiedliche Erinnerungen an die Trennung; sie will eine Reihe von reißerischen »Sex«-Rollen abgelehnt haben, um in der Zeit lieber Schauspielunterricht bei Peggy Feury zu nehmen. Er kann sich nicht daran erinnern, daß es für Michelle viele Angebote gegeben hätte.

Aber beide bestreiten nicht, daß sie bei einer Schönheitskonkurrenz ihr Aussehen sehr gezielt an den Mann brachte, um sich damit La Rocca als Agent zu sichern. Aber die Widersprüche in ihren Anfangsjahren sind vielleicht einfach nur Anzeichen ihrer wachsenden Selbstsicherheit und einer Entwicklung ihres Talentes, die in ihren erst dreiunddreißig Lebensjahren dann ja auch zu dramatischen Höhen führte.

Michelle Marie Pfeiffer wurde am 29. April 1958 in Santa Ana, Kalifornien, geboren. Santa Ana ist ein typisches Suburb-Gebiet, das ein paar Meilen vor Los Angeles in Orange County liegt – von der liberalen Großstadt-Kultur allerdings mehr als nur Meilen entfernt ist. Die Kulturwüste dieses bezaubernden County setzt sich aus von permanenten Staus verstopften Freeways und endlosen Reihen von Schnell-Restaurants zusammen. Die Farmen sind längst durch gesichtslose Bürokomplexe und geklonte Mini-Einkaufszentren ersetzt. Sonst hat Santa Ana noch Disneyland zu bieten, eine von allen dunklen Aspekten der Realität gesäuberte Welt, wo das Leben der Phantasie gehört und jeder jederzeit glücklich sein muß. Dick und Donna Pfeiffer zogen ihre vier Kinder im Stadtteil Midway City auf. Michelle wurde nach ihrem Bruder Rick geboren und vor den beiden jüngeren Schwestern Dedee und Lori. In einem Artikel beschreibt James Kaplan diese Umgebung für Michelles Kindheit kurz und treffend als »ein paar Pünktchen auf der Landkarte zwischen Huntington Beach und Westminster, Seal Beach und Santa Ana, durchschnitten vom Highway 39 auf dem Weg in bessere Gefilde. Das Land ist flach, die Häuser sind für kalifornische Verhältnisse alt, klein und sehen aus wie Schuhkartons. Alles in allem ein guter Ort, um sich schnell aus dem Staub zu machen. Michelle Pfeiffer mußte zwanzig Jahre dort bleiben.«

Auch von ihren jugendlichen Ambitionen erzählt Michelle ohne jede Übertreibung. Auf der High School hatte sie noch wenig mit der Schauspielerei im Sinn. Statt dessen trieb sie sich wie die meisten Schülerinnen am Strand 'rum und verabredete sich mit den bestaussehendsten Surfern und Football-Spielern.

An einer Theaterarbeitsgruppe beteiligte sie sich nur, weil sie ihre Englisch-Note verbessern wollte. Zur eigenen Überraschung machte es ihr richtig Spaß. Die Theater-Typen waren humorvoll und witzig, keine Spinner, wie sie erwartet hatte. Aber sie strengte sich nicht an, eine Rolle zu bekommen oder bei einer größeren Aufführung mitzuwirken.

»Es war eine absolut typische Jugendzeit: Ziellos, möglichst viel Spaß und Vergnügen, Langeweile in der Schule, Rumhängen mit Surfern und Sportlern der High School, kurze Begeisterung für Malerei und Tanz, aber nichts, was wirklich tiefer ging«, schrieb David Ansen in der »Newsweek«.

Etwas mehr strengte sie sich an, um mit außerschulischer Arbeit genügend Scheine zu sammeln und ihren Abschluß an der Fountain Valley High School ein Jahr früher machen zu können. Michelles Vater, der eine Heizungs- und Klimaanlagenwartungsfirma betrieb, machte sie schon in jungen Jahren mit dem Wert harter Arbeit vertraut und zahlte ihr 50 Cents für jeden alten Kühlschrank, den sie für sein Geschäft säuberte.

Nachdem sie vierzehn geworden war, nahm Michelle verschiedene Jobs an, in Bekleidungsgeschäften, bei einem Optometriker, einem Schmuckhersteller und in einer Vorschule. Nachdem sie ihren Schulabschluß gemacht hatte, arbeitete sie ein Jahr lang in Von's Supermarkt in El Toro, studierte dann auf dem Whitley College Prozeßberichterstattung, was sie aber bald wieder sein ließ. Sie wechselte zum Golden West College über, kehrte jedoch dann zu ihrer Arbeit in Von's Supermarkt zurück, wo sie sich mit ihren Kollegen glänzend verstand.

Dann, zum Glück ihrer Fans, beschloß Michelle, es mit der Schauspielerei zu versuchen. Ihr Friseur hatte sie schon in Richtung Model zu drängen versucht, und nach einigem Widerstreben ließ sie sich schließlich im geliehenen Kleid von einem Fotografen namens Nick Lombardi fotografieren. Sie gestattete einer Freundin, sie für den Miss World Schönheitswettbewerb anzumelden (die Endausscheidung fand im Magic Mountain Amusement Park in Südkalifornien statt), um auf diese Weise Bekanntschaft mit einem der Jury angehörenden

Gruppenbild mit Damen. Michelle Pfeiffer sitzend links

Schauspiel-Agenten zu machen. Dieser Agent war John La Rocca. Sie gewann die Vorauswahl und wurde zur Miss Orange County gekürt. Später verlor sie den Wettbewerb um die Miss Los Angeles, war aber darüber, wie sie gesteht, äußerst erleich-

Michelle Pfeiffer läßt mit ihrer Figur selbst Mannequins erblassen

tert, weil es ihr die Auftritte bei »all diesen Supermarkteröff-
nungen« ersparte. Nach Dick Pfeiffers Aussage im Orange
County »Register« war sie zu diesem Zeitpunkt neunzehn oder
zwanzig Jahre alt.

La Rocca besorgte Michelle die Schauspielergewerkschafts-
karte, ohne die es in den USA so gut wie keine Engagements

Michelle Pfeiffer in ihrem Film-Debüt ›Falling in Love Again‹

gibt. Sie fing an, Schauspielunterricht zu nehmen. Ihre erste Sprechrolle bestand in einem einzigen Satz für die Serie *Fantasy Island,* den sie endlos probte. Michelle erinnert sich daran nicht ohne Humor. »Das werd ich nie vergessen«, erzählte sie James Kaplan. »Ich probte und probte diesen einen Satz: ›Wer ist das, Naomi?‹ Ich war völlig durcheinander, weil ich doch berühmt werden wollte, und das lernt man einfach nicht beim Schauspielunterricht. Und die Lampen waren so hell, daß ich die Augen nicht offen halten konnte. Ich erinnere mich noch daran, daß ich dort aufkreuzte und daß mein Name an der Tür des Umkleideraums stand.«

Michelle begann für Werbespots vorzusprechen, aber sie mochte diese Arbeit nicht und gab auch ihren Job bei Von's nicht auf. So machte sie zum Beispiel einen Werbespot für Ford, bei dem sie in kurzen Höschen auf dem Ladesitz eines Pick-ups singen mußte. Auch hier beurteilt Michelle ihre Leistung gnadenlos kritisch: »Ich war schrecklich. Für Werbespots muß man eine gewisse Begeisterung aufbringen, die mir gänzlich abgeht. Diese Arbeit liegt mir einfach nicht.« Doch verweist sie damit vielleicht auf eine ihrer besten Qualitäten bei der Filmarbeit. »Ihr schönes Gesicht zieht die Aufmerksamkeit auf sich, aber was sie bannt, ist die abgewogene Spannung in ihrer Darstellung, ein verblüffendes Gleichgewicht zwischen Selbstbeherrschung und Selbstvergessenheit« (Vanity Fair, 1989).

In ihren ersten Rollen konnte Michelle ihr Talent allerdings kaum zur Geltung bringen. Die Reihe von blonden Dummchen und Sexbomben-Rollen, die man ihr vor *Scarface* im Jahr 1983 gab und die vorwiegend nur das Publikum aufreizen sollten, befriedigten sie nicht. 1979 machte sie ihre erste ausgedehnte Schauspielererfahrung mit der Rolle einer Figur, die schlicht nur als »Sexbombe« bezeichnet wurde. »Sexbombe« benötigte nichts weiter als einen falschen Busen in zweifacher Ausführung und ein enges rotes Kleid, nicht aber eine begabte Schauspielerin. Sie trat in einer kurzlebigen Fernseh-Serie namens *Delta House* auf, in Anlehnung an den Film *Animal House,* eine Komödie über das Leben in einer College-Studentenschaft. Bruce McGill, einer der Stars von *Delta House,* hatte das Gefühl, daß sie schon damals über mehr Talent verfügte als sie zeigen durfte, und daß sie an sich arbeitete. »Michelle war als Schauspielerin völlig unerfahren«, sagte er zu Kaplan, »aber sie stellte immer die richtigen Fragen.« Sie haßte diese Rolle,

Michelle Pfeiffer in der TV-Serie ›B.A.D. Cats‹

bemerkte er weiter, ging aber ihre Arbeit professionell an. »Sie durfte fast nie einen Satz sprechen. Sie hat es sich nicht anmerken lassen, aber ich weiß, das Ganze war hart für sie.« Michelle erinnert sich an diese Zeit mit einiger Verlegenheit. »Ich rief ständig meinen Agenten an und heulte ins Telefon: ›Sie stecken mich schon wieder in heiße Höschen!‹ Ich hatte diesen doppelten falschen Busen. Sie präsentierten mich als Sexbombe, und ich dachte: ›Und wenn die Leute mich gar nicht sexy finden? Ich seh bestimmt idiotisch aus.‹ In puncto sexueller Attraktivität brauchte sie sich wohl keine Sorgen zu machen, aber Bescheidenheit ist nun mal Bestandteil ihrer Persönlichkeit. 1980 übernahm sie eine Rolle mit ähnlichem Charakter, wieder eine ABC Fernsehserie, die rasch in der Versenkung verschwand. Es handelte sich um ein bedeutungsloses Polizeidrama namens *B.A.D. Cats*.

Michelle fand ihr Berufsleben frustrierend und begann sich ansatzweise um bessere Rollen zu kümmern. Noch während der Dreharbeiten zu *Delta House* zog sie ihre erste Filmrolle an Land. Es handelte sich um einen unabhängig produzierten Film mit dem Titel *Falling In Love Again* (der seit seinem Erscheinen zweimal umbenannt wurde, erst in *Memories* und dann in *In Love*. Unter diesem Titel kam der Film kürzlich wieder in den amerikanischen Verleih. In *Falling In Love Again* trat Michelle als die jüngere Version einer von Susannah York dargestellten Frau auf. Michelle war die junge Sue Wellington, ein Mädchen aus der Oberschicht, das von einem Elliot Gould in jüngerer Ausgabe geliebt und umworben wird. Die Harmonie der Ehe zwischen York und Gould wird durch die Erinnerungen des Ehemanns an die goldene Jugendzeit in seinem New Yorker Viertel getrübt, und beide brechen zu einer Reise in ihr altes Zuhause auf, um ihre Liebe wieder aufzufrischen. Michelle taucht in ihrer Rolle in einer langen Rückblende auf. Der Film wurde als »freundliche kleine, unabhängige Produktion, die die Zeiten des *H.M. Pulham Esquire* anklingen läßt, und das nicht schlecht« rezensiert.

Das Drehen einer Serie untertags, abends und an Wochenenden

Michelle Pfeiffer und Tony Danza in ›The Hollywood Knights‹

bedeutete harte Arbeit, aber Michelle blieb einige Zeit dabei. Ebenfalls 1980 erschien sie in ihrem nächsten Film *Hollywood Knights* (Columbia Pictures/Polygram). Drehbuchautor und Regisseur war Floyd Mutrux; Tony Danza und Robert Wuhl spielten die Hauptrollen. Michelle spielte die Suzy Q., eine Serviererin in einem Drive-in-Restaurant, die davon träumt, ein Filmstar zu werden. Es geht um eine Gruppe südkalifornischer Teenager und die Ereignisse in ihrem Leben in der Halloweennacht von 1965.

1981 folgte *Charlie Chan and the Curse of the Dragon Queen* (American Cinema), eine Parodie auf das Detektivgenre. Clive Donner führte Regie, Jerry Sherlock schrieb das Drehbuch, in den Hauptrollen waren Peter Ustinov, Angie Dickinson, Ri-

Ein Küßchen für Charlie Chan (Peter Ustinov)

chard Harch, Brian Keith und Roddy McDowall zu sehen. Michelle spielte die etwas anrüchige Debütantin Cordelia Farrington III. Was diese frühen Filmrollen angeht, so meint Michelle: »Obwohl diese Filme nicht gerade das waren, was mir idealerweise vorschwebte, sorgte ich doch dafür, daß jede Rolle, die ich annahm, ein bißchen besser war als die vorangegangene.«

Ihre Fernsehrollen fielen ein bißchen besser aus als ihre Filmrollen. Im Oktober 1981 spielte sie in einem Fernsehfilm von CBS namens *Callie and Son* eine Frau mit zweifelhafter Vergangenheit, die in großes Geld einheiratet. Gleich darauf folgte im Dezember 1981 die Rolle der Freundin eines Mannes, der verlassene Kinder adoptiert, im CBS Fernsehfilm *The Children*

Nobody Wanted. Und ebenfalls im Oktober 1981 spielte sie im NBC Remake von Elia Kazans *Splendor in the Grass* (1961) die Ginny.

Zu diesem Zeitpunkt traf Michelle eine einschneidende Entscheidung. Sie feuerte ihren Agenten John La Rocca und

Michelle Pfeiffer wirbt für ›Charlie Chan and the Curse of the Dragon Queen‹

unterschrieb einen Vertrag mit Gary Lucchesi und Alan Iezman bei der angesehenen William Morris Agentur. Sie verschafften ihr rasch einen Vorsprechtermin für ihren bislang größten Film, *Grease II*. Michelle war nervös, weil diese Rolle sehr viel Singen und Tanzen verlangte. Sie sang zwei Linda Ronstadt Klassiker vor, darunter »That'll Be the Day.« 1500 Leute bewarben sich um die vier Hauptrollen, die schließlich alle an Neulinge vergeben wurden. Als es ans Vortanzen ging, war Michelle drauf und dran, sich davonzumachen, aber der Assistent von Regisseur Pat Birch hielt sie auf. Pat Birch erinnert sich, daß ihm Michelle auffiel: »Sie kreuzte ziemlich spät auf. Und sie war einfach eine erfreuliche Erscheinung. Ich mochte sie gleich. Ich kann mich erinnern, daß dann ein paar Tage später dieses eintönige Vortanzen stattfand, und sie hielt sich im Hintergrund, sehr schüchtern, ich konnte sie überhaupt nur entdecken, weil sie lila Stiefel trug. Sie glaubte nicht, daß sie tanzen könnte, aber sie bewegte sich sehr anmutig. Und sie konnte schauspielern.« (*Premiere*, September 1988).

Michelle sagte nur dazu: »Ich bin froh, daß ich an diesem Tag nicht abgehauen bin. Es war der spannendste Moment in meinem Leben.«

Sie bekam die weibliche Hauptrolle, die Stephanie Zinone, Anführerin der Pink Ladies. Stephanie verliebt sich in Michael Carrington, einen Neuankömmling aus England, der die starre gesellschaftliche Hierarchie ihrer High School im Jahr 1961 ins Wanken bringt. Stephanie hat Johnny Nogerilli satt, den Jungen, dem die Anführerin der Pink Ladies traditionellerweise zugehört, und will nun durch einen neuen Mann an Ansehen gewinnen. Sie will Carrington, einen »Teufelskerl in hautengen Lederklamotten, der aussieht, als sei er mit der heißesten Maschine der ganzen Stadt verwachsen.« Bei derartigen Sprüchen wundert es nicht, daß der Film ein Flop wurde, obwohl Michelle ihre Rolle exzellent spielte. James Maslin von der *New York Times* (11. Juni 1982) lobte sie im Vergleich mit der Hauptdarstellerin des ersten *Grease*-Films, Olivia Newton-John: »Sie hat eine Mürrischkeit an sich, die zu einer Figur aus

›Grease II‹: Maxwell Caulfield, Michelle Pfeiffer und der Rock'n'Roll

Grease besser paßt als das sonnige Wesen von Miss Newton-John«, schrieb er. »Und obwohl sie ein relativer Leinwandneuling ist, gelingt es Miss Pfeiffer, unbekümmerter und sorgloser zu wirken als alle anderen Darsteller.«
Auch David Ansen fand die unbekannte Michelle Pfeiffer

vielversprechend: »Wo Newton-John eine Sandra Dee war, verbindet Pfeiffer das zänkische Wesen von Yvette Mimieux mit der verführerischen Liederlichkeit der jungen Tuesday Weld.«

Leider fiel der Film durch und erntete beißende Kritiken wie die der *Daily Mail.* »Man fühlt sich, als sei man zwei Stunden lang in eine Mixtur aus Musikautomaten und Flipper eingesperrt, und die Kugel sind Sie.« Danach arbeitete Michelle fast ein ganzes Jahr nicht. Sie sagt, die ihr angebotenen Rollen ähnelten zu sehr der Stephanie Zinone.

Inzwischen hatte sie schon einiges in ihrem persönlichen Leben verändert. Sie nahm Schauspielunterricht bei Peggy Feury in Los Angeles, wobei sie zunächst noch in Orange County blieb. Dann zog sie nach Los Angeles. Mit Anfang zwanzig schloß sie sich einer Sekte an, sagt aber nicht, um welche es sich handelte.

Michelle selbst hat das Gefühl, daß sie die Dinge manchmal zu ernst nimmt, einer der Gründe, warum diese Sekte zeitweise eine so große Rolle in ihrem Leben spielen konnte. »Ich neige stark zu Extremen, etwas, dem ich abzuhelfen versuche. Ich habe eine Suchtstruktur.«

Es könnte sein, daß ein Teil ihrer Stärke auf dieser Neigung zu »Extremen« beruht. Sie hat starke Gefühle und sucht nach starken Ventilen. »An mir ist nichts halbherzig«, erzählte sie Hal Hinson 1990. »Wenn ich Sean Penn wäre, dann hätte ich inzwischen schon jemanden umgebracht. Wenn ich den männlichen Instinkt, diese männliche Aggression hätte, dann wäre ich jetzt im Knast. Ich habe diese Leute beiseitegestoßen – diese Paparazzi. Einfach weggestoßen.«

Michelle selbst hat oft das Gefühl, daß es ihr an innerem Gleichgewicht mangelt, und inneres Gleichgewicht ist ihr sehr wichtig. So hat sie zum Beispiel drei Jahre lang keinen Alkohol angerührt und trinkt auch jetzt nur gelegentlich ein Glas Wein. »Auch wenn ich nur ein oder zwei Glas Wein getrunken habe, mag ich mich schon nicht mehr, obwohl ich mich dann sehr viel freier, lässiger, extrovertierter fühle. Ich mag die Person in mir, die ich bin, wenn ich nüchtern bin. Ich mag nicht die Kontrolle verlieren. Da habe ich jetzt mein Gleichgewicht gefunden.«

Seit 1990 hat sie sich zunehmend darum bemüht, bei ihrer Arbeit und in ihrem persönlichen Leben die Kontrolle über sich und ihre Zukunft zu übernehmen. Ihre extremen Gefühle scheinen sich auf der Leinwand ausagieren zu können, wo sie sich so leidenschaftlich in die von ihr dargestellten Charaktere hineinversetzt, daß man nur schwer glauben kann, sie sei nicht eben diese Person. Michelle ist vielleicht der einzige Mensch, der nicht mit großem Respekt von ihrer Arbeit spricht, wie ein Interview mit Kirk Honeycutt zeigt. Sie betrachtet ihr Talent mit großer Bescheidenheit. »Mein Problem ist Perfektionismus. Jedesmal, wenn ich eine Rolle abgedreht habe, habe ich das Gefühl, ich hätte es besser machen können. Wenn ich mich nicht bis zum Äußersten treibe, fühle ich mich unsicher. Es ist schwer zu erklären, weil ich immer noch versuche, mich selber zu verstehen.« Wie viele von uns begab sie sich mit Anfang Zwanzig auf die Suche nach sich selbst und wurde im Laufe dieser Entdeckungsreise in eine erschreckend autoritäre Sekte hineingezogen. Zunächst schien sie gute Gründe für ihren Beitritt zu haben. Die Sekte schien ihr eine Selbstkontrolle zu versprechen, an der es ihr ihrer Ansicht nach mangelte.

Diese Sekte half ihr, ein paar ungesunde Gewohnheiten wie Rauchen und Trinken aufzugeben. Sie fastete gelegentlich und aß weder Fleisch noch Fisch, was nützlich war, um mit einem sich anbahnendem Gewichtsproblem fertig zu werden, das sie auf ihre frustrierende Filmkarriere zurückführte. »Ich kam nicht so rasch voran, wie ich wollte«, erzählte sie der *Los Angeles Times*-Reporterin Lydia Lane im Juni 1980. »Ich war ungeduldig, einsam und unglücklich und nahm meine Zuflucht zum Essen. Durch dieses Futtern aus emotionalen Gründen bekam ich zum erstenmal in meinem Leben Gewichtsprobleme.« Die Ernährungslehre der Sekte ließ sie wieder an Gewicht verlieren.

Doch das waren belanglose Pluspunkte im Vergleich mit den

Schattenseiten der Sekte. Von dieser Gruppe wieder loszukommen, wie sie es schließlich wollte, wurde ein Problem, und Michelle führte lange ein alarmierend zurückgezogenes Leben. Ihrer Beschreibung nach verschrieb sich die Sekte dem Vegetarismus und der Metaphysik. David Ansen gegenüber bemerkte sie aber: »Ihre Philosophie war so bizarr, daß ich sie Ihnen nicht einmal jetzt erläutern könnte. Ich brauchte offensichtlich ganz dringend jemanden, der die Kontrolle über mich übernahm, und wahrscheinlich war es besser, daß sie es waren und nicht Drogen oder irgendein Lustmolch. Aber es hat eine Menge Schaden angerichtet, an dem ich noch Jahre später herumlaborierte.«

Doch Hilfe in Form der wahren Liebe war unterwegs. Als sie 1980 Unterricht bei Milton Katselas nahm, traf sie den Schauspieler und Regisseur Peter Horton, inzwischen berühmt für seine Rolle als Gary, Lehrer für englische Literatur, in *Thirtysomething*. 1984 sagt sie in einem Interview mit Honeycutt: »Ich brach eines meiner zehn Gebote, mich nämlich niemals mit einem Schauspieler einzulassen, schon gar nicht mit einem, mit dem ich zusammen studierte.«

Peter Horton, ihr künftiger Ehemann, rettete sie zwei Wochen nach ihrer ersten Begegnung aus der Umklammerung der Sekte. »Ich ging zwei Wochen, nachdem ich meinen Mann zum erstenmal getroffen hatte, einfach nicht mehr hin. Ich wollte schon seit Monaten Schluß machen, aber es fiel mir schwer. Sie machen dich glauben, daß du ohne sie nicht überleben kannst. Ich merkte erst, als ich mit Peter zusammen war, in was ich mich da eingelassen hatte.«

1989 erzählte sie Robert Lindsey: »Man hatte mich einer Gehirnwäsche unterzogen, und ich gab ihnen eine enorme Menge Geld.«

Peter Horton war gerade mit *Split Image,* einem Film über Sekten beschäftigt. Seine Arbeit an diesem Film beeinflußte Michelles Denken nachhaltig. »Ich ging mit ihm nach San Francisco, wo er über Sekten recherchierte, und merkte, daß das, was die Deprogrammierer da beschrieben, genau meiner

Erfahrung entsprach.« Das Resultat war, daß sie die Sekte verließ und wieder die Kontrolle über ihr Leben übernahm. Auch genoß sie in Maßen wieder Fisch, Eiscreme, Junk Food und Wein.

Manchmal fällt es ihr schwer zuzugeben, daß es Peter Horton war, der sie rettete. Ansen gegenüber erklärte sie: »Ich glaube eigentlich nicht an Männer, die Frauen retten, aber ich denke, so war es. Ich hatte großes Glück.« Die Hochzeit mit Peter Horton fand am 5. Oktober 1981 in Michelles Garten statt.

Während ihres Honeymoons erfuhr sie, daß sie die Rolle der Stephanie Zinone in *Grease II* bekommen hatte. Auf Grund ihrer Arbeit mußten sich Michelle und Peter im Laufe ihrer Ehe häufig trennen, etwas, das ihr nicht gefiel. »Abwesenheit läßt die Liebe *nicht* wachsen. Ich weiß nicht, wer einmal das

Vier Schönheiten aus ›Grease II‹: Maureen Teefy, Michelle Pfeiffer, Alison Price und Lorna Luft

Gegenteil behauptet hat, aber es ist eine Lüge«, äußerte sie sich gegenüber Honeycutt. »Eine Ehe erfordert sehr viel Zeit und Hingabe. Und je mehr dir deine Arbeit abverlangt, desto schwerer ist es, Energie in die Ehe zu stecken, die sie braucht. Wahrscheinlich funktionieren deshalb so viele Ehen im Showbiz nicht. Da ist ständig das Problem: ›Ich hab Zeit‹ und der andere muß sagen: ›Aber ich hab sie nicht‹. Es ist wichtig, daß man sich Zeit für einander nimmt.«

Michelles Worte über Ehen im Showbusiness sollten sich leider als prophetisch erweisen. Aus den Gerichtsunterlagen geht hervor, daß sich Michelle und Peter Horton am 11. Mai 1988 nach siebeneinhalb Jahren Ehe scheiden ließen. Michelle ist Horton noch immer eng verbunden und spricht häufig mit ihm. Als Erklärung für die Scheidung gibt sie an: »Es ist sehr verwirrend. Wir haben wirklich sehr jung geheiratet. Ich denke, wir wurden erwachsen und änderten unsere Ansichten.« Als sie heirateten war sie 22 und er 26.

Obwohl Michelle nur wenig über ein für sie persönlich sehr schmerzliches Ereignis spricht, nimmt sie gegenüber David Ansen zu ihrer Scheidung etwas länger Stellung: »Er ist großartig. Ich bewundere ihn. Wir wurden zusammen erwachsen. Es ist irgendwie eine Schande, so jung zu heiraten, weil es schließlich damit endet, daß man sich gegenseitig an den Kragen gehst. Allgemein gesprochen denke ich, die Leute sollte nicht vor Dreißig heiraten. Die Beziehungen nehmen soviel unnötigen Schaden, weil man eben bestimmte Dinge durchmachen muß, um erwachsen zu werden. Wir sind jetzt bessere Freunde. Aber wir waren drauf und dran, uns umzubringen.«

Sie brauchte lange, um über den Schmerz hinwegzukommen. Und später sagte sie: »Eine lange Zeit glaubte ich, ich könnte nicht für mich selber sorgen. Ich hatte das Gefühl, mein Leben sei zerstört. Ich sei einfach nicht in der Lage, mein Leben in die Hand zu nehmen. Das ist jetzt zwei Jahre her. Inzwischen habe ich nicht nur entdeckt, daß das nicht stimmt, sondern daß ich auch einen verdammt guten Job draus machen kann.«

»Zum erstenmal«, so fügt sie hinzu, »fühle ich mich mit dem Alleinsein wohl, und ich mag mein Leben. Ich glaube, ich habe die Dinge besser unter Kontrolle.«

Peter Horton, das muß zu seiner Ehre gesagt werden, ist auch nicht scharf darauf, seine Ehe und Scheidung vor der Öffentlichkeit auszubreiten und vermeidet bei Interviews im allgemeinen das Thema. Er sagte nur: »Wir brauchten drei Jahre, um uns zu trennen. Wir sahen uns an und sagten: ›Wir lieben uns doch, was stimmt denn bloß nicht?‹ Aber es stellte sich heraus, daß es mit uns einfach besser funktioniert, wenn wir Freunde sind und nicht miteinander verheiratet.«

Michelle scheint Peter Horton nichts nachzutragen. »Ich hatte eine großartige Ehe mit einem großartigen Mann. Viel bessere kommen nicht nach«, sagte sie später. Sie sind weiterhin gut befreundet und bleiben in engem Kontakt.

Michelles Romanzen sind typischerweise nie an die große Glocke gehängt worden. Es gibt Gerüchte über eine Beziehung mit Michael Keaton und mit Mithauptdarsteller John Malkovich während der Dreharbeiten zu *Dangerous Liaisons* (Gefährliche Liebschaften), obwohl sie sich zu diesem Thema nicht äußert. Gegenwärtig ist sie mit dem Schauspieler Fisher Stevens liiert, mit dem sie in *Twelfth Night* bei Joseph Papps New York Shakespeare Festival auftrat.

Inzwischen lebt Michelle mit ihrer Katze und zwei Hunden und einem Haushälter namens Raymond auf ihrer 1917 im spanischen Stil erbauten Hacienda in Santa Monica. Aber mehr hat sich geändert als nur ihr äußerliches Leben. Auch innerlich scheint sie sich gewandelt zu haben: die einst ergeizlose Michelle scheint nun getrieben, sich ständig weiter zu verbessern. Ihre Freundin Kate Guinzburg, mit der Michelle kürzlich eine Produktionsfirma gründete, die bald ein Werk der berühmten Autoren Michael Dorris und Louise Erdrich herausbringen wird, beschreibt sie als »Autodidaktin« und »Lesewurm«. Michelle ist sich, was die kontemplative Seite ihres Lebens angeht, weniger sicher. So äußerte sie sich gegenüber Robert Seidenberg: »Ich bin eine echte Initiatorin, wenn es um meine

Karriere geht, aber das gilt nicht für mein Privatleben.« Sie selbst bemerkt an sich eine Tendenz zur Zurückgezogenheit: »Mein erster Impuls ist, irgend etwas zu finden, womit ich mich beschäftigen kann. Habe ich einen freien Nachmittag, dann denke ich wohl, naja, ich könnte dieses Buch lesen oder vielleicht malen. Mein erster Impulses ist es nicht, eine Freundin anzurufen und ihr vorzuschlagen, ins Kino zu gehen. Der Gedanke käme mir gar nicht. Glücklicherweise habe ich Freundinnen, die mich anrufen. Ja, ich habe tatsächlich ein paar Freundinnen.«

Zu diesen Freundinnen gehören Cher und Ellen Barkin. Michelle erklärt, daß es ihr schwer fällt, Freundschaften zu schließen, einfach weil sie immer sehr auf der Hut ist. »Ich neige dazu, nur mit einer sehr kleinen Gruppe von Leuten Umgang zu haben. Ich halte mich sehr zurück. Ich brauche sehr lange, bis ich ein bißchen lockerer werde, mich den Leuten gegenüber öffne, aber wenn ich das tue, dann sind sie Freunde fürs Leben.«

Sie steht auch ihren jüngeren Schwestern Dedee, 27, und Lori, 26, sehr nahe. Beide Schwestern sind angehende Schauspielerinnen, und Michelle spricht, wenn möglich, täglich mit ihnen. »Sie wollen mich immer beschützen«, erzählte Michelle David Ansen. »Wehe, wenn jemand ein schlechtes Wort über mich sagt. Ganz egal, wo ich bin, ich ruf immer kurz bei ihnen an, bevor ich ins Bett gehe. Das gibt mir ein Gefühl von Verbundenheit.«

Umgekehrt finden die Schwestern, daß auch Michelle sehr beschützerisch ist und eine Art Mutterrolle für die jüngeren Schwestern übernimmt.

Kate Guinzburg enthüllt, wie einfach Michelle im Grunde lebt. Sie mag Pictionary und Guacamole. Außerdem interessiert sie sich fürs Malen, Bowling, für Eisenwarenläden und graue (nicht sonnige) Tage. Abende mit Cher verbringt sie häufig mit so aufregenden Aktivitäten wie Gin Romme und mitgebrachtem Essen aus dem nächsten China-Restaurant. Sie »mag Trödelkram und Besuche auf dem Flohmarkt und kommt dann mit irgendwelchen Möbeln und solchen Dingen zurück.« Und sie nimmt auch gerne ihr Fahrrad auseinander. In Übereinstimmung mit ihrem schlichten Lebensstil trägt Michelle zuhause selten Make-up oder Schmuck. In ihrem Interview mit Seidenberg faßt Kate Guinzberg Michelles Grundeinstellung zusammen: »Ihr geht es nicht darum, ein Filmstar zu sein, sie möchte eine ernsthafte Schauspielerin sein.«

Auf der Suche nach Profil

1983 zog Michelle ihre erste Charakter-Rolle in einem Spiel-film an Land, nämlich in Brian de Palmas *Scarface*. Sie spielte die Elvira Hancock Montana, eine aus Baltimoore stammende unterkühlte Dame der High Society, die die Geliebte und dann die Ehefrau eines Drogenkönigs von Miami wird. Al Pacino übernahm die Rolle des Tony Montana, ein Gangster und »Marielito«-Flüchtling aus Kuba, der auf brutale und tragische Weise seine pervertierte Version vom amerikanischen Traum verfolgt und alle, die ihm nahestehen, zugrunde richtet, bis er sich schließlich selbst zerstört. Montana alias Scarface kann seine Gier nach allem, was die Welt zu bieten hat, nicht zügeln, die ›upperclass‹ Elvira eingeschlossen, die für den energiegeladenen, aber frustrierten Montana den Stil und die Klasse besitzt, die ihm abgehen. Elvira jedoch ist eine gelangweilte, emotional frigide und schließlich drogensüchtige Frau, die von ihrem mit Drogen handelnden Geliebten zwar gekauft, aber nie für sich gewonnen werden kann, und Montana und Elvira wird schließlich klar, daß die Welt, die sie beherrschen, schmutzig und sinnlos ist. In der blutigen Schlußszene stirbt Montana zu Füßen einer Statue, die sein Motto trägt: Die Welt gehört dir, und die Ironie der Szene wird überdeutlich.

Michelles harte Arbeit und Vorbereitung durch Schauspielunterricht machten sich in *Scarface* allmählich bezahlt. Ihre Darstellung der Elvira zeigte, daß sie gewachsen war und über ein Potential verfügte, das sie in ihren vormals beschränkten Rollen nicht zu demonstrieren brauchte. Ihre Elvira verschaffte ihr in der Öffentlichkeit ein gewisses Maß an Anerkennung, obwohl der Beifall der Kritiker für den Film als ganzes überraschenderweise ausblieb. Trotzdem öffneten sich nun für Michelle durch ihre Rolle in *Scarface* weitere Türen und sie bekam die Gelegenheit, ihr Talent in einer zunehmenden Vielfalt an Rollen unter Beweis zu stellen, so in der Diana in John Landis *Into the Night* (1985), der Isabeau in Richard Donners

Ladyhawke (1985), der Doppelrolle der Faith Healy und Mary Slocomb in Alan Aldas *Sweet Liberty* (1986) und der Brenda in *Amazon Women on the Moon* (1987).

Ein echter kommerzieller Erfolg blieb allerdings bis *The Witches of Eastwick* (1987) aus, einem Film, der auf John Updikes Bestsellerroman über einen modernen Teufel und drei von ihm verführten Frauen basiert.

The Witches of Eastwick, unterstützt durch so bekannte Stars wie Cher, Susan Sarandon und Jack Nicholson, spielte Millionen Dollar ein. Der hohe Gewinn katapultierte Michelle in die Ränge der Elite von Schauspielern und Schauspielerinnen, die für sich die Filetstücke in einer von der Macht klingelnder Kassen besessenen Industrie in Anspruch nehmen können. Michelle kann nun mehr als eine Million Dollar pro Film verlangen.

Aber um in diese Stratosphäre aufsteigen zu können, mußte Michelle an sich arbeiten und an ihrem Talent in Rollen feilen, die mehr verlangten als die »Sexbomben«-Streifen. Und das tat sie mit Stil und Intelligenz. Zunächst allerdings war es schwer, die Filmemacher und Kritiker davon zu überzeugen, daß sie eine Chance verdiente. Und nachdem sie einmal eine glaubhafte Leistung in *Scarface* erbracht hatte, bestand die Gefahr, als Darstellerin kalter und herzloser Femmes fatales abgestempelt zu werden, so wie sie früher in den belanglosen Rollen der »Sexbombe« festgesessen hatte.

Regisseur Brian de Palma erwies sich als das erste Hindernis auf dem Weg. Laut eines Interviews von Roderick Mann im Los Angeles *Times Calendar* mit Michelle im Jahr 1983 »haßte« De Palma *Grease II*. Und deshalb war de Palma nicht daran interessiert, Michelle eine Rolle in *Scarface* zu geben. »Sie sehen also, in gewisser Weise hat mir die Rolle in *Grease II* geschadet«, erklärte Michelle. »Andererseits hatte vor diesem Film noch nie irgend jemand was von mir gehört.« David Ansen zeigt 1989 in einem Interview in der *Newsweek* eine interessante Perspektive von der verteufelten Situation auf, die durch Michelles schauspielerische Leistung in *Grease II* entstanden war.»Pfeiffers unheimliche Fähigkeit, die Leute an den Charakter, den sie darstellt, glauben zu machen, fiel wie ein Bumerang auf sie zurück. Als Kaugummiblasen aufwerfende High-School-Kratzbürste stellte sie sich als hinterhältiges und köstliches Luder dar. Aber die meisten Leute gingen nun einfach davon aus, daß sie nichts weiter sei als eine der vielen seichten kalifornischen hübschen Mädels, so unreif wie die Person, die sie gespielt hatte. Wie Jessica Lange, die jahrelang ihr Image als harmlose Gespielin King Kongs nicht loswerden konnte, lief Pfeiffer Gefahr, auf das ›Dummchen-Abstellgleis‹ abgeschoben zu werden.«

Doch Michelle war davon überzeugt, dem »Typus der Elvira gerecht werden zu können.« Mit einer Beharrlichkeit, die sie nun bei all ihren Projekten demonstriert, sprach sie im Laufe von drei Monaten immer wieder für die Rolle der Elvira Hancock vor und schaffte es dann, daß man mit ihr Probeaufnahmen machte. Alixe Gordon, die für die Besetzung verantwortlich war, mußte allerdings de Palma dazu überreden, daß Michelle bei ihm vorsprechen durfte.

Michelle ließ nicht locker, bis sie die Rolle hatte. In ihrem Interview mit Mann führt sie ihren Eigensinn auf ihren Vater zurück, der ihren Entschluß, Schauspielerin zu werden, ganz und gar nicht billigte. »Wissen Sie, was er zu mir sagte? Er sagte: ›Werd du nur eine Schauspielerin, und dann mußt du ständig eine Matratze auf dem Rücken mitschleppen.‹ Ich nehme an, er hat ein paar von diesen Horrorgeschichten über junge Schauspielerinnen in Hollywood gehört. Und da ich nun mal eigensinnig bin, war ich entschlossen, ihm das Gegenteil zu beweisen.« Und das tat sie. Harte Arbeit, nicht die Couch, überzeugten de Palma davon, daß sie für die Rolle geeignet war.

Michelle hatte ein paar grundlegende Einsichten in den Charakter der Elvira, die ihr bei der Arbeit nützlich waren: »Elvira hat in einer gewalttätigen Welt von unsentimentalen Menschen, die sich auf der Straße auskannten, überlebt und sie überlebte, indem sie grundsätzlich an der Oberfläche ihrer

›Scarface‹: Gangsterbräute müssen nur schön sein

Gefühle blieb, nie jemanden wirklich an sich herankommen ließ.« Die Wurzel ihrer Kälte ist Angst, sagt Michelle, »so hält sie die Leute auf Distanz, so können sie ihr nicht zu nahe kommen.« Elvira setzt dieses Muster auch in ihrer Beziehung mit ihrem Mann, Tony Montana, fort. Lediglich in ihrem letzten Gespräch mit ihm zeigt sie sich offen und entlarvt seine kindische Egozentrik: »Schade, daß wir nie erwachsen wurden«, sagt Elvira.

Obwohl Michelle die Elvira mit soviel Einsicht dargestellt hatte, erhielt sie wenig Lob von den Kritikern und war enttäuscht über den relativen Mangel an Erfolg von *Scarface*. Doch lag es nicht an ihr, daß der Film so wenig Beifall fand, und die Kritik an ihrer Darstellung spiegelte wahrscheinlich vor allem die Mängel des Filmes insgesamt wider; auch gab es einige, die ihre Arbeit mochten. In ihrem Interview von 1983 mit Mann war Michelle noch nicht so abgehärtet, daß ihr schlechte Kritiken nichts mehr ausmachten, obwohl sie sie mit Gleichmut hinzunehmen versuchte. »Ich bekam wirklich ein paar grauenhafte Kritiken«, erzählte sie Mann. »Einer sagte, ich hätte mich durch den ganzen Film hindurchgequengelt. Aber ich bekam auch ein paar gute Kritiken. Da sagte ich mir: ›Na ja, das ist nur die Ansicht von einer Person. Mach dir nicht soviel daraus.‹ Mein Vater las mir am Telefon die widerlichste Kritik vor, während ich auf einer Promotiontour für den Film war. Ich muß zugeben, das hat wirklich weh getan.«

Die Darstellung der Welt von *Scarface* erforderte eine Häßlichkeit und simulierte Langweiligkeit, die die Zuschauer abschreckte. Michelle verteidigt diese Häßlichkeit als notwendigen Bestandteil einer Geschichte über Drogendealer: »Ich weiß, es ist kein Film, den man sich so locker anschauen kann, aber da es ein Antidrogenfilm ist, mußte er Gewalttätigkeit zeigen, um die Botschaft 'rüberzubringen.« In Scarface kam eine talentierte Besetzung von Darstellern und Leuten hinter der Kamera zusammmen, darunter Steven Bauer als Tonys Partner, Mary Elizabeth Mastrantonio als seine kleine Schwester, und Robert Loggia als Tonys Mentor und Liebhaber Elviras, dem Tony sie wegnimmt. Das Drehbuch schrieb Oscar-Preisträger Oliver Stone (»Midnight Express«, »Platoon« und »Born on the Fourth of July«, Produzent war Martin Bregman). Doch trotz dieser hochkarätigen Besetzung wurde *Scarface* weder von den Zuschauern noch von den Kritikern gut aufgenommen.

Einer der durchgängigsten – und vielleicht nicht gerade von tieferer Einsicht zeugenden – Vorwürfe, der dem Film gemacht wurde, war seine häufige Verwendung des anrüchigen Wortes »fuck«, was einige »ermüdend«, andere »ungehörig« fanden. Es wäre nicht realistisch gewesen, die Sprache des Films zu säubern, wie es auch nicht ehrlich gewesen wäre, die Häßlichkeit der Drogenunterwelt zu glorifizieren. Elvira selbst sagt Tony, daß sie es leid ist, von ihm ewig dieses »fuck« zu hören. Seine ständigen Wiederholungen und seine Unfähigkeit, eine gesellige Unterhaltung zu führen, ist Teil dessen, was sie so langweilt, und ebenso Teil dessen, was ihn von einem menschlichen Leben trennt. Tony selbst sieht sich ständig als Tiger, dessen Beute die Weichen und die Heuchler sind, doch Elviras Worte reduzieren ihn auf das Gehabe eines nur mit sich selbst beschäftigten und vulgären Kindes.

Ein Tänzchen mit dem Drogenkönig. Michelle Pfeiffer und Al Pacino in ›Scarface‹

Michelle verteidigt den häufigen Gebrauch von »fuck« im Film, weil es ein absolut übliches Wort ist: »Ich höre es ständig und überall, es macht mir nichts aus. Schließlich benutze ich es selbst. Und ich denke, nach 15 Minuten fällt es im Film gar nicht mehr auf. Mir ging es jedenfalls so, aber ich verstehe, wenn es einige Leute anstößig fanden.«

Durch *Scarface* wurde Michelle nun zunehmend als ernsthafte Schauspielerin wahrgenommen, aber der Part der Elvira brachte außer schlechten Kritiken noch andere Gefahren für ihre Karriere mit sich. Die Rollen, die ihr nach diesem Film angeboten wurden, wiesen alle eine enttäuschende Ähnlichkeit mit der Elvira Hancock auf. Michelle berichtete: »Nach Scarface bekam ich jede Xanthippen-Rolle in Hollywood angeboten.« Michelle erkannte die Falle, schließlich war sie ihr vertraut. Nach der Stephanie Zinone in *Grease II* »bot man mir jede High-School-Rolle an, die je geschrieben wurde.« Dieser ständige Versuch, sie festzunageln, stachelte ihren Widerstand an, und sie machte sich daran, ihr Handwerk in so unterschiedlichen Rollen, wie sie sie nur kriegen konnte, zu vervollkommnen. Und damit bewies sie allmählich, daß sie eine ernsthafte Schauspielerin war. Sie lehnte Rollen, die sie nicht mochte, ab, auch dann, wenn die Angebote rar waren. »Ich wollte nie einen Job annehmen, nur weil ich kein Geld hatte«, erklärte Michelle Peter Stone.

Ihr in finanziellen Dingen konservativer Vater hatte sie gelehrt, Geld für magere Zeiten zu sparen, und sie wußte auch, daß sie notfalls anderswo Arbeit finden konnte. Sie könnte ja auch wieder bei Von's arbeiten, meinte sie im Spaß: »Ich habe gerne eine Weile lang Gemüse ausgesucht. Es machte mir Spaß, um 4 Uhr morgens aufzustehen, auf der Autobahn zu fahren, da hineinzugehen, die Lagerregale zu begutachten und mit den Angestellten dort zu lachen.« Aber Michelles Einstellung basierte nun nicht mehr auf Ziellosigkeit. Sie konnte mehr und mehr auf Leistungen zurückblicken, die ihr allmählich persönliche Befriedigung verschafften und den Weg für ihre künftigen Erfolge in *The Witches of Eastwick, Married to the Mob,* und

Dangerous Liaisons bahnten. Rückblickend bestätigte sie den Wert ihrer verschiedenen Rollen in *Into the Night, Ladyhawke,* und *Sweet Liberty* als abgebrühtes, aber doch verletzliches Partygirl, als verzauberte mittelalterliche Prinzessin, als neurotische Schauspielerin und als süße Patriotin: »In den letzten paar Jahren nahm die Vielfalt der Rollen zu und die Rollen selbst wurden interessanter wegen der unterschiedlichen Rollen, die ich im Laufe meiner Karriere angenommen habe. Deshalb habe ich diese Rolle in *Sweet Liberty* (sie spielte eine Schauspielerin) angenommen. Es war nur ein kleiner Part, aber er gab mir die Möglichkeit, mich selbst auf die Schippe zu nehmen.

Als ich in diesem Geschäft anfing, machte ich mir große Sorgen, ich könnte in dieses Hollywood-Blondinen-Klischee fallen, aber genau dieses Klischee brachte mich dazu, besonders hart zu arbeiten. Ich war entschlossen, eine Schauspielerin zu werden und nicht ein Klischee.«

Vielleicht weil ihr so viel an ihrer Glaubwürdigkeit lag, hatte Michelle einige Vorbehalte in bezug auf ihre Rolle in *Ladyhawke.* In diesem Warner Brothers/Fox Film von 1985, Richard (Dick) Donner führte Regie, mußte Michelle das Publikum davon überzeugen, daß sie eine von einem bösen Bischof verfluchte Prinzessin war. Der Fluch verdammt sie dazu, untertags ein rotschwänziger Falke und nach Sonnenuntergang eine Frau zu sein. Rutger Hauer spielt ihren Liebhaber, der vom selben Zauberbann getroffen, nachts ein Wolf ist. Matthew Broderick ist der Dieb, der beiden hilft, den Zauberbann zu lösen. Anfangs war Michelle nicht interessiert. »Beinahe hätte ich den Film nicht gemacht«, sagte sie. »Ich wollte nicht diese kleine im Wald herumlaufende Prinzessin spielen. Dann sprach ich mit Dick Donner, und er erklärte, daß er die Figur ganz anders sähe. Er wollte mein Haar ganz kurz schneiden lassen, so wie Jeanne d'Arc, und das fand ich interessant. Und ich mochte das Drehbuch sehr. Es war eines der bezauberndsten, hinreißendsten Scripts, ich je gelesen habe.« Außerdem überzeugten sie Donners Hintergrund an »Spezialeffekten« davon,

*›Ladyhawke‹: Der Mönch Imperius (Leo McKern) behandelt
Isabeau (Michelle Pfeiffer) mit Kräutern*

daß der Film sorgfältig gemacht werden würde, erzählte sie
Roderick Mann.

Ladyhawke hatte möglicherweise auch eine einschneidende
Auswirkung auf ihr Privatleben. Der Film wurde in Italien
gedreht, wo sie fünf Monate ohne ihren Mann Peter Horton
blieb. 1982/83 war Horton sieben Monate lang in Nordkalifor-
nien unterwegs, um die Fernsehserie *Seven Brides For Seven
Brothers* zu drehen. Das Privatleben der beiden mag durch die
wachsende berufliche Beanspruchung gelitten haben, aber sie
ließen sich erst 1989 scheiden.

Während der fünf Monate Aufenthalt in Italien hatte Michelle ziemlich viel freie Zeit, die sie aber nicht mit gesellschaftlichen Aktivitäten füllte. Vielmehr entdeckte sie ein neues Ventil für ihre introvertierten, doch intensiven Gefühle: Sie begann zu malen. Die Gründe dafür ähneln ihren Gründen für die Schauspielerei. »Ich entschied, daß ich etwas brauchte, das mich mit der gleichen Leidenschaft erfüllt wie das Schauspielern, etwas, indem ich mich völlig verlieren kann.« Als ich Stenografie lernte, berichtet Michelle, »stenografierte ich im Geiste ständig mit, wenn irgend jemand etwas sagte. Das habe ich sogar noch zwei Jahren danach getan.« Und genauso war es mit dem Malen. »Ich lieg im Bett und ertappe mich dabei, wie ich über eine Schattierung und wie ich sie anders hätte angehen können,

Isabeau (Michelle Pfeiffer) wartet in ›Ladyhawke‹ auf ihren Prinz

nachdenke. Schließlich kann ich nicht schlafen und grüble, wie ich dies oder das malen soll, und dann frag ich mich, was machst du denn da? Du hast damit angefangen, damit du dich nicht verrückt machst, und jetzt machst du schon wieder dasselbe.« Michelle betrachtet sich selbst als zwanghaft und eigensinnig, und sogar ihre Malerei bringt diese innere Spannung zum Ausdruck.

Sie mag aber auch eine Art Therapie für sie sein. Ihr Vater deutete auf die Verbindung zwischen ihrer Malerei und Schauspielerei. Nachdem *Ladyhawke* beendet war, erzählte Michelle Kirk Honeycutt, »und ich so lange von Hollywood weggewesen war, kam ich mit einer anderen Perspektive zurück. Ich glaube, ich bin jetzt ein bißchen entspannter. Ich habe gerade wieder angefangen, mit Öl zu malen – nach zehn Jahren – und ich erinnere mich, daß mein Vater einmal zu mir sagte: ›Ein wirklicher Künstler weiß, wann er aufhören muß.‹ Mir wurde klar, daß ich eigentlich nicht genau weiß, wann ich ein Bild in Ruhe lassen muß. Beim Schauspielen geht's mir genauso, aber da muß es nicht ganz so perfekt sein.«

Die Mischung aus Beharrlichkeit und Zwanghaftigkeit, die sie zur Verbesserung ihrer Arbeit an den Tag legt, führte zu einigen Problemen mit Richard Donner. Michelle gestand Peter Stone beiläufig und offensichtlich ohne Groll ein, daß sie und Donner sich während der Dreharbeiten zu *Ladyhawke* dauernd stritten. Sie wollte nicht im »wehenden weißen Gewand und langen Zöpfen herumrennen«, weil »eine in den Wäldern herumstreunende schöne Prinzessin meiner Vorstellung von einer guten Rolle nicht entsprach.« David Ansen äußert die Vermutung, daß die Rolle der Isabeau, so wie sie ursprünglich angelegt war, und auch später die Rolle der Jo Ann Vallenari in Robert Townes *Tequila Sunrise* Michelle in ihrer persönlichen Integrität verletzte. Beide Rollen sind männliche Fantasien von der idealen Frau, was »sie bei ihrem ausgeprägten Wahrheitsgefühl wurmen mußte.«

Die Kritiker mochten Michelles Arbeit in *Ladyhawke,* wie auch die von Matthew Broderick und Rutger Hauer. Der Kamera-

Michelle Pfeiffer im blutigen Finale von ›Ladyhawke‹

mann, Oscar-Preisträger Vittorio Storaro, erhielt ebenfalls viel
Beifall für seine Bildführung. Im ganzen gesehen würde allerdings an Donners Regie der Mangel an Gesamtkoordination all
der für seine Vision nötigen Elemente kritisiert. Michelle fand
das Script in seiner Endfassung dann reizend und bezaubernd
und ihre anfänglichen Vorbehalte gegen die Rolle der Isabeau
in ihrem Entwicklungsstadium waren schließlich ausgeräumt.
Ebenfalls 1985 übernahm Michelle eine Rolle in *Into the Night*,
ein Universal Pictures Film, bei dem John Landis Regie führte.
In diesem Komödienthriller, das Drehbuch schrieb Ron Koslow, spielt sie das umtriebige Partygirl Diana, das von einer
nach gestohlenen Smaragden fahndenden und etwas tölpelhaf-

Publicity-Foto mit Jeff Goldblum für ›Into the Night‹

ten Gruppe von Iranern verfolgt wird. Diana bedient sich des von Schlaflosigkeit auf die Straßen von L. A. getriebenen Ed Okin, gespielt von Jeff Goldblum, um ihren Verfolgern zu entkommen und schließlich das Rätsel zu lüften. Dieser flotte und amüsante Streifen weist einige exzentrische Szenen auf und in anderen Hauptrollen so bekannte Namen wie David Bowie, Roger Vadim, Paul Mazursky und Richard Farnsworth. Der Film brachte einige unfreundliche Kritiken ein. Ein Kritiker schrieb, *Into the Night* »ist ein Film, der sich auf nächtlichen Straßen abspielt, und in den der Regisseur aus unerfindlichen Gründen einige seiner Kollegen gesteckt hat. Nichts funktioniert, nicht mal als Witz.« Auch 1985 waren Pfeiffers Filme nicht von nennenswertem kommerziellem Erfolg gekrönt, aber ihre Arbeit fand zunehmend Anerkennung. David Ansen hatte das Gefühl, daß in *Into the Night* Michelles »Sinn fürs Komödiantische sichtbar wird und etwas, das einem sowohl nachgeht wie herzzerreißend ist.« Michelles eigene Analyse, daß sie dazu tendiere, die glaubhafte geradlinige Person

Hitchcock läßt grüßen: Michelle in ›Into the Night‹

in einer Komödie zu sein, scheint im Licht von Ansens Aussage zu stimmen. Michelle selbst erhielt noch andere gute Kritiken für *Into the Night,* unter anderem von Vincent Canby in der *New York Times* im Februar 1985. Canby schrieb, daß Michelle seinem Gefühl nach »das Zeug zu einer guten Komödiantin« habe.

Michelle Pfeiffer posiert für ›Into the Night‹

In ›Sweet Liberty‹ spielt Michelle Pfeiffer ihre erste Doppelrolle

Er fand auch freundliche Worte für Michelles Darstellung in dem so dramatischen *Scarface* und prophezeite, daß man sie nicht so schnell vergessen würde. Die Zeitschrift *New Yorker* bezeichnete ihre Elvira als eine »komische, sexy Schönheit, die über die Leinwand schlendert – sie ist das platonische Ideal einer Hure mit Klasse.« Trotz solcher Kritiken für *Scarface* war auch ihr nächster Film kein großer Kassenerfolg. Der possenhafte und leicht satirische Film *Sweet Liberty* (Universal Pictures, 1986), Regie, Drehbuch und Hauptrolle Alan Ada, kam ironischerweise bei der Mehrheit der Kinogänger nicht an, geht man von seinen Prämissen aus.

Sweet Liberty dreht sich um das, was sich ereignet, als eine Hollywoodfilmcrew über ein kleines Collegestädtchen hereinbricht, um einen Kassenschlager zu drehen, basierend auf einem historischen Roman, der von einem (von Alda gespielten) ortsansässigen Professor verfaßt wurde. Der Professor wird aufgescheucht durch die, um den Publikumsgeschmack zu treffen, als notwendig erachteten Abweichungen von seinem Buch, worunter auch die unnötige Zerstörung von Eigentum, die Mißachtung von Autorität und die Darbietung nackten Fleisches fällt. Auch in seinem Privatleben zeigt sich allmählich der beunruhigende Mangel an Treue, den die Filmcrew in das Leben der kleinen Stadt einführt. Er entfremdet sich seiner langjährigen Geliebten, indem er der Schauspielerin Faith Healy nachstellt, die in diesem Kassenschlager wiederum die revolutionäre Patriotin Mary Slocomb spielt. Aber Faith hat eine Überraschung für den Professor parat. Auch sie ist wankelmütig und außerhalb ihrer Rolle als süße Mary Slocomb eine durchtriebene und ehrgeizige Schauspielerin, die eine Affaire mit ihrem berühmten Partner hat, mit großem Schwung von Michael Caine gespielt.

Michelle hat die schwierige Doppelrolle der Faith Healy und Mary Slocomb mit Bravour gemeistert. Dudly Saunders vom *Louisville Courier-Journal* entdeckte zum Beispiel in diesem Film »neue Fähigkeiten« an Michelle, und David Edelstein kommentierte 1987 in einer Besprechung von *The Witches of Eastwick: »In Flop um Flop (Grease II, Ladyhawke, Sweet Liberty…)* hat sie doch immer bezaubert.« Duane Byrge vom *Hollywood Reporter* schrieb: »Herausragend unter den Darstellern ist Pfeiffer als neurotischer, scharfzüngiger Star«, und Sheila Benson, Filmkritikerin der *Los Angeles Times* schrieb, daß sie »anscheinend nie daneben tritt.«

Das nächste in Michelles Karriere zu überwindende Hindernis schien die Wahl einer Rolle in einem Kassenerfolg zu sein, die ihr aber trotzdem erlauben würde, ihre seit den Tagen der Sexbomben-Rollen ausgereiften schauspielerischen Fähigkeiten unter Beweis zu stellen. Sie brachte eine gute schauspielerische Leistung als feministische Studentin in »Playground in the Fall« in einem in Los Angeles herausgebrachten Bühnenstück. Auch ihr nächster Film, *Amazon Women on the Moon,* brachte keine Wende.

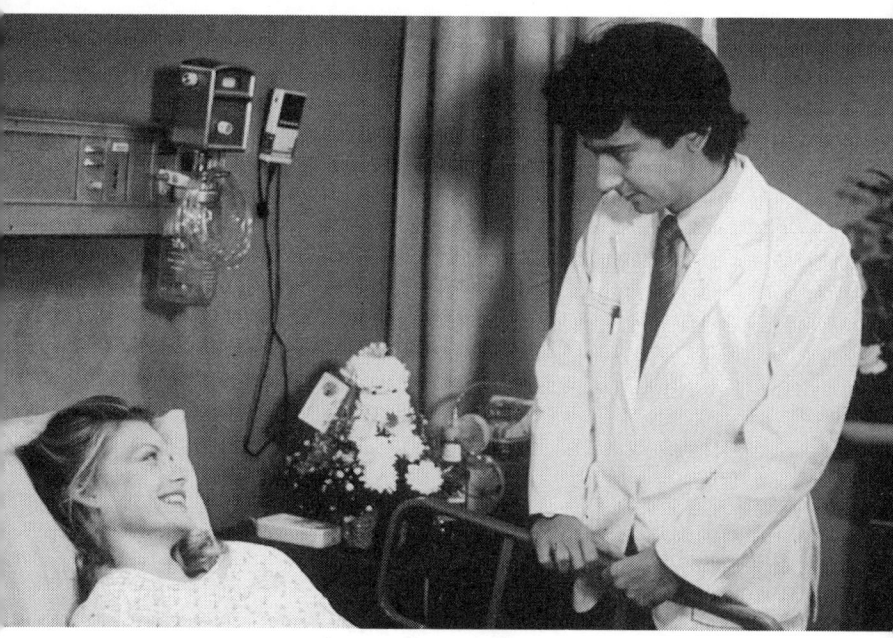

In der vierten Episode ›Krankenhaus‹ von ›Amazon Women on the Moon‹ berät ein steppender Doktor (Griffin Dunne) die junge Mutter (Michelle Pfeiffer)

Amazon Women on the Moon (Universal Pictures, 1987) reiht einige grundverschiedene komische Vignetten aneinander, die die »gegenwärtigen Sitten und Gebräuche« satirisch aufs Korn nehmen. Michelle spielte Brenda, eine Frau, deren neugeborenes Baby im Krankenhaus vertauscht wird. Ihr Mann, Peter Horton, führte Regie bei diesem Abschnitt »Two I.D.s«, was erklären mag, warum Michelle in diesem Film auftauchte. Schon 1985 spielte Michelle unter der Regie ihres Mannes in einem Fernsehstück, *One Too Many*. Es ist die Geschichte einer High-School-Schülerin, deren Freund Alkoholiker ist. Michelle spielte diese Schülerin, und John O'Connor von der *New York Times* fand ihre Darstellung »stark beeindruckend«. Horton hat sich als Regisseur sowohl im Bereich des Films wie des Fernsehens einen Namen gemacht. Michelle war während der Jahre ihrer Ehe mehr als einmal an seinen Bemühungen beteiligt. Das erste Projekt, bei dem Horton Regie führte, *Three Hours Between Planes,* ein kurzer Videofilm auf der Grundlage einer Kurzgeschichte von F. Scott Fitzgerald, sollte seine Fähigkeiten unter Beweis stellen. Michelle fungierte dabei als ausführende Produzentin. Horton sagt, »wir gaben ihr diesen Titel, weil sie überall ein wenig mitarbeitete.«

Wie die anderen Filme vor *The Witches of Eastwick* im Jahr 1987 war auch *Amazon Women on the Moon* kein großer Kassenerfolg. Tatsächlich war der Film, wie Mason Wiley 1990 in *L.A. Life* bemerkte, »so schlecht, daß das Studio den fertiggestellten Film ein Jahr lang zurückhielt.« Aber Wiley sprach mehr und mehr Kritikern und Fans aus dem Herzen, wenn er Michelles Leistung in Filmen wie *Into the Night, Sweet Liberty* und *Amazon Women on the Moon* »als helles Licht in ansonsten mittelmäßigen Filmen« hervorhob. Michelle hatte bereits seit *Delta House* und *Grease II* einen langen Weg zurückgelegt und durch harte Arbeit und Beharrlichkeit die hemmenden Klischees aus den frühen Tagen ihrer Karriere überwunden. Die größeren Kassenerfolge von *The Witches of Eastwick, Married to the Mob* und *Dangerous Liaisons* lagen nun in ihrer Reichweite, wie auch schließlich die Academy Award Nominierung für ihre Darstellung der Susie Diamond in *The Fabulous Baker Boys.*

Die Jahre des Aufstiegs

Seit ihren frühesten Rollen als Sexbombe und blondes Dummchen hatte Michelle in *Scarface, Into the Night, Ladyhawke,* und *Sweet Liberty* bemerkenswerte Fortschritte gemacht. Jede Rolle fügte ihrer Leinwandpersönlichkeit einen weiteren Aspekt hinzu, doch selten wurde die ganze Skala ihres Talents genutzt. Sie brauchte größere Herausforderungen und Möglichkeiten für ihr sich entfaltendes Talent, und sie fand sie.

Zwischen 1986 und 1988 hatte sie das Glück, binnen knapp zweier Jahre vier völlig verschiedene Rollen zu bekommen, wodurch sie die Aufmerksamkeit von Regisseuren, Kinogängern und Kritikern in einem Maße auf sich zog, wie es all ihre

Michelle Pfeiffer auf dem Weg zum Ruhm

früheren Anstrengungen nicht vermocht hatten. Drei der vier Filme, *The Witches of Eastwick, Married to the Mob* und *Dangerous Liaisons* waren Kassenschlager. Der vierte, *Tequila Sunrise* kam beim Durchschnittspublikum nicht an, tat aber Michelles plötzlicher Anerkennung als brillante Schauspielerin keinen Abbruch.

Die Umstände dieses kometenhaften Aufstiegs waren mit großen Strapazen verbunden. *Married to the Mob, Tequila Sunrise* und *Dangerous Liaisons* wurden alle im selben Zeitraum von fünf Monaten gedreht, ein seltener Fall heutzutage, wo Stars selten mehr als einen Film in einem oder sogar zwei Jahren drehen.

Auch ihre Partner waren Stars von Rang und Namen – Jack Nicholson, Cher, Susan Sarandon, Dean Stockwell, Mel Gibson, Kurt Russell, Glenn Close, John Malkovich –, was eine aufstrebende junge Schauspielerin, die Beachtung finden und ernstgenommen werden wollte, eingeschüchtert haben muß. Früher einmal hatte Michelle die Scheu zugegeben, die sie bei *Scarface* empfand, wo sie mit großen Namen zusammenarbeitete. »Ich wurde nur schwer damit fertig, daß der Hauptdarsteller Al Pacino war«, bekannte sie. Obwohl sie inzwischen mit einer Menge berühmter Hauptdarsteller gearbeitet hat, hat sie ihre Unsicherheit in dieser Hinsicht nie ganz überwunden. Hal Hinson gegenüber bekannte sie, daß sie sich manchmal wie eine Betrügerin vorkomme und darauf warte, daß jemand sie (unglaublich!) als eine Person entlarve, die gar nicht schauspielern könne. Doch diese Unsicherheit heizt sie erstaunlicherweise auch bei ihrer Arbeit an. Sich im Spiegel betrachtend äußert sie gegenüber einem Interviewer: »Du bist einfach so langweilig. Du findest dich in der Gestalt einer anderen Persönlichkeit so viel interessanter.«

Sowohl Peter Horton als auch Cher, die noch immer mit Michelle eng befreundet sind, kommentierten diese natürliche Bescheidenheit Michelles und ihre allseits bekannte Zurückhaltung. Horton schätzt Michelles Anspruchslosigkeit. »Ruhm war nie etwas, das Michelle wirklich interessiert«, sagte er.

»Ich weiß, daß manche Schauspieler mehr in den Gedanken, ein Schauspieler zu sein als in den tatsächlichen Schauspielerberuf verliebt sind. Michelle ist das Gegenteil davon.«

Michelle scheint Interviews zu hassen, wohl auch, weil sie dieses eindimensionale Image einer Leinwandsirene nicht mag. Auch scheut sie davor zurück, persönliche Dinge in der Öffentlichkeit auszubreiten. In einem Interview mit Ryan Murphy im Jahr 1989 zeigt sich, wie wenig ihr Ruhm und Enthüllungen in der Öffentlichkeit behagen. »Es fällt mir wirklich schwer, da ich eine so zurückhaltende Person bin. Als ich vor Jahren meine erste Hausangestellte einstellte, konnte ich es nicht fassen, daß ich diesen Schritt wirklich getan hatte. Die Vorstellung, daß irgendeine andere Person sich um meine Kleider kümmerte und mein Haus in Ordnung hielt, war mir absolut zuwider. Ich merke, daß ich mich gegen die Vorstellung, eine Berühmtheit zu sein, wehre.«

Es ist ihre Intelligenz, die ihr beim Umgang mit ihrem zunehmenden Ruhm hilft, ihre Fähigkeit, die ganze Situation zu analysieren, wie sie es zum Beispiel in einem Interview mit Robert Lindsey tat: »Wenn du eine Schauspielerin bist, ist es sehr schwer, die Dinge auseinanderzuhalten. Du bist du, du selbst. Und du bist auch ein *Produkt.* Es kann sehr schwierig sein, das auseinanderzuhalten… und zu wissen, daß das nicht du bist, wenn du eine schlechte Kritik liest. Und ganz genauso, wenn du eine großartige Kritik liest, die besagt, daß du die Rettung des Abendlandes bist oder sowas, auch das bist nicht du.«

Das Großartige an ihrer Arbeit, nicht die Gefahren des Ruhms, faszinieren sie. »Wieviele Menschen haben schon die Gelegenheit, in ein Aufnahmestudio zu gehen und einen Song aufzunehmen?« fragte sie. »Wieviele Menschen können schon zwei Monate lang eine Sängerin sein? Ich kann all diese Träume erfüllen. Ich bin all diese anderen Personen. Wenn dann aber der Film abgedreht ist, muß ich zurückkehren und ich selbst sein, und dann muß ich all das lesen, was sie über mich zu sagen haben.«

Ihre Freunde bestehen darauf, daß Michelle die vom Ruhm unverdorbene, bescheidene Person geblieben ist. So sagt Cher zum Beispiel etwas über Michelle, daß jede Frau, nicht nur eine Schauspielerin, gerne über sich hören würde: »Ich bin sehr eitel. Michelle ist überhaupt nicht eitel.« Michelle trägt außerhalb der Dreharbeiten nur sehr selten Make-up, obwohl sie behauptet, es als Teenager ohne Make-up nicht mal bis zum Briefkasten geschafft zu haben. Sie hat ohne Frage einen beeindruckenden Entwicklungsprozeß vollzogen. Cher bemerkt auch, daß Michelle nicht viel über sich spricht. »Sie ist die zurückhaltendste Frau, die ich je getroffen habe. Einmal hab ich ihr gesagt: ›Mich, es würde mich überhaupt nicht überraschen, wenn du mir eines Tages sagen würdest: »Cher, das hier ist mein Sohn. Er ist jetzt acht. Vorher wollte ich dir nichts von ihm erzählen.‹ Wissen Sie, ihr Vertrauen ist nicht sehr groß.«

Ein Teil ihrer Unsicherheit mag von ihrer außergewöhnlichen Schönheit herrühren, denn Michelle scheint das Gefühl zu haben, daß ihr Aussehen irgendeiner emotionalen und intellektuellen Kompensation bedarf. Sie beklagt sich bitter über das Image gutaussehender Leute in der Filmindustrie. »Dein Aussehen ist bestimmend in diesem Geschäft, da kommst du einfach nicht dran vorbei. Ich hab's probiert, das können Sie mir glauben. Ich hab tatsächlich mit aufgemalten Ringen unter den Augen und ungewaschenen Haaren für ernsthaftere, gehaltvollere Rollen vorgesprochen, aber die Leute in diesem Geschäft beurteilen dich nur nach deinem letzten Film.«

Ihre Wut scheint echt zu sein. Jonathan Van Meter stellt in seinem Interview mit Michelle in der *Vogue* vom Oktober 1991 eine interessante Beobachtung an: »Wenn sie mit unbeantwortbaren Fragen über ihr Aussehen konfrontiert wird, dann rastet sie ein bißchen aus. Sie scheint vorauszusetzen, daß die Leute enttäuscht sind, wenn sie ihr persönlich begegnen, und so greift sie dem vor, bestreut sich mit Asche und hört sich schließlich fast ein bißchen lächerlich an.« Indem sie sich privat ein möglichst unauffälliges Aussehen gibt, nährt Michelle merkwürdigerweise ganz absichtlich ihre Unsicherheit darüber, was die Leute wohl denken, wenn sie das Loblied ihrer Schönheit mit der Realität vergleichen. Van Meter fiel auf, daß sie beim Interview mit *Vogue* ihr berühmtes Licht möglichst weit unter den Scheffel stellte. »Sie ist unauffällig. Sie arbeitet daran, so als sei es interessanter, unauffällig statt hübsch zu sein.«

Das scheint Michelle tatsächlich zu denken. Sie entschied, sich für die Ausgabe von *Vogue* nicht als sie selbst, sondern in sechs verschiedenen Rollen fotografieren zu lassen. Sie nahm sich sehr viel Zeit für die Auswahl dieser sechs Protagonistinnen, die alle sehr wenig mit ihr gemeinsam und schon gar nicht das Aussehen einer berühmten und schönen Schauspielerin haben. So wählte sie die Lulu aus *Pandoras Box,* die Laurence aus *Private Lives,* die Maggie aus *Cat on a Hot Tin Roof,* Eliza Dolittle aus *Pygmalion,* Kate aus *The Taming of the Shrew* und Jeanne d'Arc. Eine Begründung für diese Auswahl gab sie nicht. Michelle spricht selten über die Techniken ihrer Kunst. Sie möchte lieber das »Geheimnis« bewahren, erklärte sie Van Meter.

Allerdings räumt sie ein, daß es sich um keine ausgesprochen intellektuelle Angelegenheit handelt. »Ich spreche nicht gerne über die Charaktere, die ich im Film darstelle. Da gibt es keine tiefe, dunkle Bedeutung. Es ist nichts weiter als eine Idee, nur ein Gedanke.«

Sie gesteht auch, daß sie eine Vielfalt von Vorstellungen von sich selbst hat. »Wenn das Bild, das sich andere von mir machen, mir auch nur einigermaßen ähnelt, dann muß es sehr verwirrend sein. Ich bin jeden Tag eine andere Person. Ich betrachte meinen Kleiderschrank und frage mich: ›Wer lebt hier? Wessen Schrank ist das?‹ Mit meinem Haus ist es nicht anders. Ein Zimmer ist Art Deco, eines Santa Fe, eines Südfrankreich. Wer ist diese Person? Ich denke immer, ich sollte ein klare Linie haben, sollte imstande sein zu sagen, so bin ich.«

Aber sie bleibt dem Publikum und sich selbst ein Rätsel.

Der Astrologe M.J. Abadie behauptet zu wissen, warum Michelle so schwer zu ergründen ist, und sogar auch, warum sie allein lebt. Seiner in einem Artikel von Caroline Latham geäußerten Ansicht nach hat Michelle, ein Stier, »die chamäleonhafte Fähigkeit, zu der Person, die sie spielt, zu werden, weil sie sich in allem, was sie tut, sei es nun beim Filmen oder in der Liebe, völlig verliert. Das ist zwar gut für ihren Beruf, funktioniert aber nicht so gut im Liebesleben, da sie, wenn sie sich in einem Mann verliert, Gefahr läuft, verletzt oder enttäuscht zu werden. Ihre romantischen Träume werden von den harten Tatsachen der Realität erstickt. Und diesen Aspekt in sich schützt Pfeiffer.«

Doch die wirkliche Antwort auf Michelles Geheimnis mag zum Teil in ihrem tiefen Verständnis von menschlicher Angst liegen. Sie erklärte einmal, daß sie sich zurechtmache, um sich zu verstecken, und daß sie »im Grunde ihres Wesens ein dunkles Gemüt« habe. Aus diesem Grund zieht sie graue Tage den sonnigen vor, und dies läßt sie, wichtiger für die Zuschauer, so unterschiedliche Charaktere wie die Elvira Hancock in *Scarface,* Angela de Marco in *Married to the Mob,* und Madame de Tourvel in *Dangerous Liaisons* verstehen. So fließt überraschenderweise in Michelles ausdrucksstarkes Gesicht und Stimme die Angst ein, die sie als Grundelement in jeder dieser Personen verborgen sieht.

Elvira zum Beispiel lebt in einer gefährlichen Welt voller unsentimentaler und todbringender Menschen, und ihre Angst hält sie davon ab, enge Beziehungen aufzubauen. Mit ihrer Kratzbürstigkeit schützt sie sich vor Intimität.

Auch Angela muß mit Angst fertigwerden, und Michelle zieht eine Parallele zu ihren eigenen Gefühlen: »Ich kann mich mit Angela identifizieren. Ich glaube, sehr viele Frauen können das. Angela wurde ständig, seit sie die High-School verlassen, Frankie geheiratet und ihren Sohn Joey zur Welt gebracht hat, vorgeschrieben, was sie zu tun, wohin sie zu gehen, wie sie sich zu benehmen, wem gegenüber sie nett zu sein hatte. Nun übernimmt sie die Kontrolle über ihr Leben, was sowohl aufregend als auch beängstigend ist.« Angelas Gang versucht, den Druck auf sie zu verstärken, bis es um Leben oder Tod geht.

Michelle sieht allerdings, was die Ausdrucksform ihrer Ängste angeht, einen wesentlichen Unterschied zwischen Elvira und Angela. »Elvira überlebte in einer gewalttätigen Welt, indem sie stets an der Oberfläche ihrer Gefühle blieb, während Angela jedes Gefühl von Freude und Angst und Hunger nach außen erkennen läßt. Die unterschiedlichen Anforderungen einer Komödie und eines Dramas mögen ebenfalls dazu beitragen, daß sich die beiden Personen verschieden darstellen müssen, die doch beide in einer schäbigen Welt des plötzlich hereinbrechenden Terrors agieren.«

Wie Elvira fürchtet sich auch Madame de Tourvel, ihren Gefühlen Ausdruck zu verleihen. Sie verkörpert den dramatisch philosophischen Konflikt des siebzehnten Jahrhunderts zwischen Vernunft und Leidenschaft. Ihre Moral schwankt zwischen dem Diktat des Intellekts, der ihr dazu rät, ihre unerlaubten Sehnsüchte zu unterdrücken, und dem Diktat ihrer Leidenschaft, wonach es kein Unrecht sein kann, zu lieben. In einem tragischen und für die aristokratische Welt des siebzehnten Jahrhunderts typischen Entschluß (eine Welt, die bald darauf durch die französische Revolution mit ihrer Betonung bürgerlicher Empfindung zerstört werden sollte), unterwirft sich Madame de Tourvel schließlich der Leidenschaft, was ihren Untergang herbeiführt. Ihre Angst vor der Preisgabe ihrer Gefühle scheint in der übersättigten Welt der französischen Aristokratie wohl begründet. Das Publikum von heute, das, was die Vorzüge des Ausdrucks der eigenen Persönlichkeit angeht, andere Ansichten vertritt, erwärmte sich dennoch für Michelles einfühlsames Portrait der de Tourvel. Ein Kritiker bemerkte, daß Michelle »gerade den richtigen Ton von beherzter und doch ängstlicher Emotion, von Bescheidenheit und Schmerz trifft. Sie stellt diese alte weiße Magie auf so superbe Weise her wie die Stars der Glanzzeit Hollywoods.«

Vielleicht ist es die Glaubwürdigkeit jener älteren Leinwandstars, die Michelle anstrebt, und Glaubwürdigkeit entsteht stets durch Understatement und Subtilität. Die Neigung zur tiefgründigen Analyse ist ein moderner Trend und kein Bestandteil

Michelle Pfeiffer und ihre ›Gefährliche Liebschaft‹ John Malkovich nach dem Schäferstündchen

der Magie der alten Glanzzeit, die es lieber mochte, wenn die Hand des Puppenspielers unsichtbar blieb. Wie dem auch sei, Michelle zieht es vor, die Charaktere, denen sie Leben verleiht, nicht zu diskutieren. »Mir ist es lieber, wenn die Leute selbst ihre Entdeckungen machen.« Und was die Rolle der Madame de Tourvel angeht, »so stecken in *Dangerous Liaisons* so viele verschiedene Themen, daß man nur schwer verallgemeinern kann.«

Michelle hat allerdings angedeutet, daß Angst ganz allgemein ihre Arbeit inspiriert: »Ich habe so große Angst, mich vor mir selbst genieren zu müssen, daß ich alles tue, um es nicht dazu kommen zu lassen. Das ist es. Das ist der Schlüssel zu meinem Erfolg.«

In einem Interview mit Robert Seidenberg erklärte sie: »Ich habe bei jeder Rolle, die ich spiele, Angst. Einige Rollen jagen mir mehr Angst ein als andere. Ich hatte soviel Arbeit mit meiner Vorbereitung auf *Russia House,* daß ich kaum dazu kam, mich von meiner Panik überwältigen zu lassen. Aber sie war da.« Und Hal Hinson gestand sie: »Nach jedem Film bin ich mir sicher, daß jetzt alle entdecken werden, daß ich gar nicht schauspielern kann.«

Diese Ängste treiben Michelle dazu an, ständig und geradezu zwanghaft an sich zu arbeiten und sich zu verbessern, wie ja auch schon bei ihrer Malerei und sogar der Stenographie sichtbar wurde. In diesem Zusammenhang hat sie nicht nur Schauspielunterricht, zum Beispiel bei Peggy Feury, sondern auch Gesangsunterricht bei Milton Katselas genommen. Bei Rollen wie zum Beispiel der Katya in *Russia House* ließ sie sich zusätzlich für die Dialoge beraten.

Tatsächlich arbeitet sie sehr hart an ihrem Handwerk, eine bewundernswerte Eigenschaft. Susan Sarandon erinnert sich, wie gut Michelle auf ihre Rollen vorbereitet ist. Am ersten Tag der Dreharbeiten zu *The Witches of Eastwick* war Michelle die einzige, die alle vier oder fünf Kopien des Scripts parat hatte und sich an Hand der Sätze durch alle durchfinden konnte. »Michelle hatte ihr ganzes Material wie die Unterlagen eines Rechtsanwalts ausgebreitet.«

Und Michelle scheint immer hart zu arbeiten. Zum Beispiel recherchierte sie für die Rolle der Angela de Marco in *Married to the Mob* in Schönheitssalons auf Long Island. Für die Susie Diamond in *The Fabulous Baker Boys* nahm sie zwei Monate lang ganztägigen Gesangsunterricht, um in Stimme und Ausdruck genau den richtigen Stil der von ihr gespielten Sängerin treffen zu können. Robert Lindsey ging 1989 in der *New York Times* auf diese perfektionistische Tendenz Michelles ein.

»Michelle Pfeiffer stand allein im verdunkelten Studio am Sunset Boulevard, wo der Soundtrack für einen neuen Film aufgenommen wurde, und sang wohl nun zum zwanzigsten Mal ›More Than You Know.‹ Die Stimme der Schauspielerin, vielleicht am besten bekannt für ihre Darstellung einer Hexe und einer Gangsterbraut, klang überraschend stark und zärtlich. Aber eine Note am Ende war nicht ganz korrekt getroffen. Als sie zu ende war, fluchte sie vor sich hin, zündete sich im dunklen Studio eine Zigarette an und ließ sich dann übers Mikrophon an ihren Gesangsberater und die Toningenieure im angrenzenden Kontrollraum gewendet vernehmen: »Machen wir's gleich nochmal. Ich weiß, ich kann's besser.«

Michelle Pfeiffer als eine der drei ›Hexen von Eastwick‹

Jeff Bridges, einer der ›fabelhaften Baker Boys‹ und seine Muse Michelle

Fast eine Stunde später, Miss Pfeiffer hatte den Song wenigstens noch zwanzigmal gesungen, erklärte sie, daß sie nun zufrieden sei.«

Lindsey ist nicht der einzige, der Michelles erstaunliche Arbeitsethik bewundert. Jonathan Kaplan, Michelles Regisseur in ihrem neuen Film *Love Field* meint, daß Michelle »die Theorie widerlegt, wonach sich Schauspieler durch Studium und harte Arbeit kaum verbessern könnten.«

Und Drehbuchautor und Regisseur Steve Kloves von *The Fabulous Baker Boys* pflichtet bei: »Sie ist außergewöhnlich, was ihre Arbeitseinstellung angeht. Sie ist entschlossen, keinen Ton falsch zu treffen und über die Person, die sie darstellt, soviel wie möglich in Erfahrung zu bringen.«

Filmpartner und Interviewer deckten auf, daß Michelle sogar »eine Art Bibel« für die von ihr dargestellten Charaktere anlegt. Für ihre Rolle als Revolutionskriegspatriotin Mary Slocomp in *Sweet Liberty* studierte Michelle die Kleidung, das Auftreten und die Sprechweise der Frauen der Kolonialzeit und lernte ein Menuett zu tanzen, »um ein Gefühl dafür zu kriegen, wie sich die Frauen in dieser Zeit bewegten.« Dazu las sie eine Menge und sah sich Filme und Bilder an.

Bei all den Ängsten also, denen sich Michelle ausliefert, um bemerkenswerte Leistungen zu vollbringen, ist sie doch eine hart arbeitende und sehr starke Persönlichkeit. Die ehrgeizlosen Tage ihrer Surferjugend hat sie längst hinter sich gelassen, und sie scheint für ihre künstlerische Vision zu kämpfen. Robert Towne, ihr Regisseur in *Tequila Sunrise,* bekam ihre Stärke zu spüren. Von allen Schauspielerinnen, mit denen er je gearbeitet hat, so sagt er, war Michelle die schwierigste. Aber nur wenige andere Regisseure teilen diese Meinung, und Michelle interpretiert die Sache etwas anders. »Was ich von einem Regisseur möchte, ist Freiheit, und die bekam ich nicht von Bob. Es ist eine Sache der chemischen Verträglichkeit.« David Ansen vermutet, daß es ihr nicht gefiel, daß sie sich bei dieser Rolle so stark auf eine männliche Fantasie einlassen mußte, und Towne räumt ein, daß sie die Rolle so anscheinend nicht spielen wollte.

Doch Michelles Regisseure in der Mitte der achtziger Jahre, in denen sie allmählich größeren kommerziellen Erfolg erreichte, sind mehr für ihren filmischen Stil, ihre technischen Fähigkeiten und ihre weltanschaulichen Ansichten bekannt und weniger für ihr Verständnis für Schauspieler. George Miller, Jonathan Demme, Robert Towne und Stephen Frears sind alle sehr geachtete Regisseure, gelten aber nicht als »Schauspieler-Regisseure« wie etwa Orson Welles, Sidney Lumet, George Cukor, François Truffaut, Ingmar Bergman und andere es waren oder sind, die eine große Bühnenerfahrung mitbringen. Doch ihre besonderen Fähigkeiten, etwas auf große Leinwand zu übersetzen, waren wesentlich dafür, daß Michelle auch zum kommerziellen Erfolg wurde und nicht nur eine zunehmend bekannter werdende, ernsthafte Schauspielerin blieb.

Michelles erster größerer Kassenerfolg als groß angekündigter Star war *The Witches of Eastwick* (Warner Brothers, 1987), ein teuflisch unterhaltsames, lockeres Stück mit großen Ansprüchen an die Produktion und einer untergründigen feministischen Philosophie. Produziert wurde der Film von dem bekannten Team Peter Guber und Jon Peters.

Aber der Kassenerfolg fiel Michelle nicht in den Schoß. Wie immer mußte sie hart dafür arbeiten. In diesem Fall mußte sie vielleicht noch mehr tun als angemessen war, erklärte Michelle Peter Stone. Die Art und Weise, wie die Probeaufnahmen für

Michelle Pfeiffer als Sukie Ridgemont, einer der ›Hexen von Eastwick‹

den Film gehandhabt wurden, mißfiel ihr sehr. »Was mich so wütend machte, war, daß George Miller mich von Anfang an für die Rolle der Sukie haben wollte. Aber die Produzenten wollten Probeaufnahmen von mir. Dann kommt mitten während der Probeaufnahmen einer der Produzenten zu mir und sagt, daß ich die Rolle habe. Dann baten sie mich, noch zu bleiben und einen anderen Part zu lesen, weil noch andere Mädels zum Vorsprechen da waren. Ich mußte also diesen Part mit diesem Mädel lesen, das sich um die Rolle bewarb, die ich schon hatte. Ich fand das schrecklich. Ich war stocksauer. Wissen Sie, wenn ich eine Rolle haben will, da bin ich wirklich nicht zu stolz, dann geh ich hin und spreche vor. Ich geh hin und mache Probeaufnahmen. Wenn ich wirklich eine Rolle haben will, dann geh ich hin und tu alles, was ich nach Meinung des Regisseurs tun soll.«

Zum Glück für ihre Fans spielte Michelle die Sukie Richmond in *The Witches of Eastwick*. Es ist die auf einem bekannten Roman John Updikes basierende Geschichte dreier gelangweilter und frustrierter Frauen, die in einem kleinen Städtchen in Neuengland leben und vom »Teufel persönlich«, einem gewissen Darryl Van Horne, verführt werden. Zunächst scheint diese Verführung wie eine Befreiung von ihrem banalen und eingeschränkten Leben. Doch dann versuchen die Frauen, sich auch der Kontrolle Van Hornes zu entziehen, und der Zuschauer sieht zu, wie sich »ihre Loyalität von Moment zu Moment verlagert und fragt sich, wer hier wen benutzt oder von wem benutzt wird« (*Orange County Register,* 12. Juni 1987). Die Frauen scheinen in einem letzten fantastischen und tumultösen Kampf samt Hühnerfedern, übernatürlichen Verwandlungen und einer Menge amüsanter Dialoge den Sieg davonzutragen. Das Drehbuch für den Film schrieb Michael Christofer, und zwischen seinem Script und Updikes Roman gibt es einige Unterschiede aus filmtechnischen Gründen, die Jim Washburn vom *Orange County Register* erklärt: »Updikes Roman weist sehr viel inneren Monolog auf, wohingegen die Stärke von Christofers Script darin liegt, daß nie ganz klar wird, was die

›The Witches of Eastwick‹ brauen ein teuflisches Süppchen

einzelnen wirklich denken.« Das führt dazu, daß die Sympathie
der Zuschauer ständig hin- und herwechselt und es schließlich
schwierig wird, überhaupt noch jemandem zu trauen, was
sowohl der Absicht Updikes wie Christofers entspricht. Letztlich ist *The Witches of Eastwick* eine »trockene, schwarzhumo-
rige Liebesgeschichte – über die auftriebige Auswirkung der
Liebe und wie sie durch Mißtrauen zerstört werden kann.«
Cher, Susan Sarandon und Michelle Pfeiffer treten als die drei
engen Freundinnen auf, die zunächst ihre Sehnsucht nach
einem Mann beklagen, obwohl ihre bisherigen Erfahrungen
mit Männern schrecklich waren. Sie alle drei suchen nach dem
übermenschlichen Ritter in weißer Rüstung, der »ihre Inspira-
tion, ihre Freude, ihr Lebenssinn… ihr alles« sein wird. Alex-

andra Medford, von Cher gespielt, stellt kleine weibliche Figuren her, die sie im Geschenkladen vergeblich zu verkaufen sucht. Jane Spofford, von Susan Sarandon dargestellt, spielt Cello und gibt den Kindern der örtlichen Grundschule Musikunterricht. Sukie Richmond, von Michelle gespielt, schreibt in der Lokalzeitung über langweilige lokale Ereignisse. Sukies Fruchtbarkeit ist ein Phänomen. Sie hat sechs, anscheinend austauschbare und sehr blonde Kinder, aber keinen Ehemann. Jack Nicholson, in absoluter Hochform, spielt den wahren Teufel, der alle drei verführt.

Michelles geplagte, alleinerziehende Mutter ist völlig bürgerlich und zugleich ungeheuer individualistisch. Ihr fehlt nur eins, ein Mann... ein echter Mann... ein Mann mit Leidenschaft. Als sie einen findet, explodiert sie in einem Feuerwerk persönlicher Freiheit und Erfüllung. Alexandra Medford allerdings ist die Anführerin der drei Frauen und scheint die stärkste Rolle innezuhaben. Doch wie üblich in ihren Filmen hilft Michelles solide Glaubwürdigkeit als kreative Karrierefrau und hingebungsvolle Mutter die Geschichte glaubhaft zu machen. Michelle behauptet sich erfolgreich gegen den charismatischen Szenenklauer Nicholson und die betörende Cher, und verleiht ihrer Rolle als amerikanische Durchschnittsfrau und Durchschnittsmutter Integrität. Aber um des Films willen nimmt Michelle ihre Protagonistin etwas zurück und läßt Nicholson und Cher mit ihren glänzenden Darstellungen in den Vordergrund treten.

Nicholsons Van Horne ist ein reines Vergnügen für den Zuschauer. Er spielt ihn als »lächerliche und überwältigende, dunkle, dekadente, überlebensgroße rätselhafte Figur mit dem kleinen Pferdeschwanz eines Samurai, ein Mann, der wie eine Höhlenbestie schnarcht und zugleich eine ziemlich irdische Manifestion Satans ist. Ein Teufel, wie es ihn wohl nie verführerischer auf der Leinwand gab, vielleicht weil man ihn auch noch nie im Swimmingpool auf einem Plastikzebra gelagert mit einer Schale voll sehr reifer Kirschen auf dem Bauch besichtigen konnte« (Jim Washburn *Orange County Register*).

Anders als bei den meisten klassischen Teufeln sind Van Hornes magische Akte komisch wie auch schrecklich.
Die Spezialeffekte in *The Witches of Eastwick* sind ausgesprochen gut und etwas Neues. Vilmos Zsigmond (Kameraleitung) und Mike Lanteri (Spezialeffekte) verdienen Lob für ihre wun-

Der Teufel und seine Gespielinnen: Cher, Susan Sarandon, Michelle Pfeiffer und Jack Nicholson in ›The Witches of Eastwick‹

derbare Arbeit. Zum Beispiel nehmen eine komisch tragische Episode, an der ein selbstgerechter Geschaftlhuber und eine fatale Schale mit Kirschen beteiligt sind, als einer der Höhepunkte die Aufmerksamkeit des Publikums gefangen, ebenso wie die stürmische und faszinierende Befreiung der »Hexen« von der Herrschaft Satans. Beide Szenen weisen dramatische Spezialeffekte auf. Es ist aber doch im Grunde die wunderbare Besetzung, die dem Film zum kommerziellen Erfolg machte.

Michelle mit ihrer typischen Selbstkritik und Vorliebe für Understatement gab ihrem Unbehagen über die stark kommerziellen Aspekte der Produktion, die Spezialeffekte eingeschlossen, Ausdruck: »Ich finde nicht, daß ich großartige Arbeit geleistet habe«, wird sie im *Orange County Register* vom 12. Juni 1987 zitiert. »Ich glaube, die Darstellung war in ihrem Akzent falsch. Der Film ist so groß angelegt, daß auch nur groß angelegte Darstellungen funktionieren.

Ich meine nicht, daß meine Leistung schlecht war. Ich bin nur eher eine subtile Schauspielerin, und meine Arbeit wäre in einem anderen Film – einem kleineren Film – besser herausgekommen. In diesem Film ist soviel los, daß ich untergehe. Er ist sehr viel kommerzieller, als ich anfänglich dachte. Als ich mich auf die Rolle einließ, war von Spezialeffekten nicht die Rede, und als ich dann das alles sah, war's ein Schock für mich.«

Susan Roether geht soweit die Frage zu stellen, ob die Schocks nicht etwa beabsichtigt waren, und ob Miller nicht, zum Beispiel beim »täglichen Umschreiben des Scripts«, »die Schauspielerinnen ganz bewußt vor den Kopf stieß, damit sie sich miteinander verbündeten.« Eine befriedigende Antwort darauf gibt es nicht. Aber sie verbündeten sich. Und seit *The Witches of Eastwick* sind Michelle und Cher enge Freundinnen.

Jedenfalls fällt Michelles Beurteilung ihrer eigenen Arbeit weitaus härter aus als die allgemeine Ansicht der Kritiker. Philip Wuntsch von der *Dallas Morning News* meinte, daß Michelle in *The Witches of Eastwick* »wieder einmal beweist, daß sie das Zeug zum Superstar hat« (12. Juni 1987). David

Diese Beine machen selbst den Teufel schwach. Michelle in ›The Witches of Eastwick‹

Edelstein von der *Village Voice* mochte den Film nicht besonders, fand aber, daß Michelles Leistung »aus dem Schlamassel herausragte« (25. Juni 1987). Joe Leyden verteidigte in der *Houston Post* vom 12. Juni 1987 den populären Film als »teuflisch vergnüglich und überaus erfinderisch, der den Geschlechterkampf zu einer halb ernsten, halb komischen letzten

Entscheidungsschlacht zwischen Gut und Böse eskalieren läßt.«

Michelle ließ sich nach diesem großen kommerziellen Erfolg auf ein »ungewöhnliches« Projekt ein, einen Fernsehfilm, *Natica Johnson,* der auf einer Kurzgeschichte von John O'Hara basiert. Michelle spielt hier eine Hollywoodschauspielerin der dreißiger Jahre, die sich in einen verheirateten Mann mit dem gewöhnlichen Job eines Chemikers verliebt, nachdem sie sein Auto angefahren hat. Regisseur Paul Bogart verlangte keine Probeaufnahmen von Michelle, wie sie sie für *The Witches of Eastwick* machen mußte, sondern sagte: »Wir haben sofort an Michelle gedacht.« Er sprach davon, wie sehr sich Michelle mit der Natica identifizierte, die nicht wie ein menschliches Wesen behandelt, sondern wie eine Ware gekauft und verkauft wird.

Michelle bekam gute Kritiken. John O'Connor von der *New York Times* schrieb bewundernd, daß Natica Johnson »von Michelle Pfeiffer, ganz blondes Haar und zarte Verletzlichkeit, superb gespielt wird.« Und: »Ms. Pfeiffer ist absolut wunderbar.«

Michelles bisher respektable Karriere nahm nun rasanten Aufschwung. Nach dem Erfolg in dem kleinen Fernsehfilm *Natica Johnson* folgte jetzt ein weiterer kommerzieller Hit. Sie suchte sich eine Komödie aus, spielte aber diesmal die Hauptrolle, statt mehr oder weniger den Hintergrund für die glanzvolleren Figuren zu liefern. Der Erfolg von *The Witches of Eastwick* machte es möglich, daß sie die viel begehrte Hauptrolle in Regisseur Jonathan Demmes *Married to the Mob* bekam, ein Gangsterfilm mit satirischer Note, erzählt aus der Sicht einer Frau.

In *Married to the Mob* (Orion Pictures, 1988) spielt Michelle die Angela de Marco, die Witwe eines Killers, der gerade von seinem eigenen Capo, Tony »Der Tiger« Russo, umgelegt worden war, weil er mit seiner (Russos) Geliebten geschlafen hatte. Angela betrachtet den Tod ihres Mannes als eine Gelegenheit, die ihr verhaßten Lebensumstände zu verändern. Ihr

Sohn nimmt anderen Kindern ihre paar Pfennige ab, ihr Heim wird mit Blutgeld bezahlt und sie haßt ihre von der Gang finanzierte Existenz von Tag zu Tag mehr. Nachdem Frankie de Marco umgebracht wurde, gibt sie ihr Heim auf und flieht mit ihrem siebenjährigen Sohn in die Slums von New York, um sich eine neue Existenz in Anonymität und ehrbarer Armut aufzubauen. Aber so leicht gewinnt sie ihre Freiheit nicht.

Promotionsfoto zu ›Married to the Mob‹

Russo, von Dean Stockwell gespielt, der sie als seine neue Geliebte installieren will, folgt Angela nach New York, wie auch der FBI-Agent Mike Downey, von Matthew Modine gespielt, der fälschlicherweise glaubt, Angela wolle sich mit Russo einlassen. Aber »dann lernt er sie kennen«, sagt Modine, »und alles kommt ganz anders. Er versucht die Untersuchung, die er zunächst einleitete, zu sabotieren, räumt seine von ihm selbst ins Telefon eingebauten Wanzen weg, fälscht Berichte und führt ein Doppelleben.«

Zudem wird Angela auch noch von Connie Russo, gespielt von Mercedes Ruehl, verfolgt, die Michelle für die Wankelmütigkeit ihres Mannes verantwortlich macht. Ruehl erklärt, daß »sich Medea gemessen an Connie sanftmütig ausnimmt.« Demme pflichtet dem bei und bemerkt, daß »Mercedes eine opernhafte Leidenschaftlichkeit in die Rolle einbringt.«

Inmitten all dieses Dramas fühlte sich Michelle oft »wie die von Martin Sheen gespielte Figur in *Apocalypse Now*«, sagt sie. »Ich versuchte normal zu sein, und um mich herum waren all diese wilden Typen, die die verrücktesten Sachen anstellten.« Und wieder machte Michelle, indem sie den zynischen Part völlig geradlinig spielte und keine Zuflucht zur Karikatur nahm oder auf leichte Lacher beim Publikum aus war, die Angela zu einer glaubhaften, sympathischen Frau.

Der Rest der Geschichte schwankt heftig zwischen extrem realistischer Gewalttätigkeit und kulthafter Satire hin und her. Für Produzent Edward Saxon, der mit Demme in *Something Wild*, *Swimming to Cambodia* und *Married to the Mob* zusammenarbeitete, ist Humor etwas Paradoxes. »Die kaltblütige Routine der Mafia beim Dealen mit Drogen, Beseitigen von Giftmüll und von Leuten steht im grellen Gegensatz zu ihrer starken Familienmoral. Denken sie nur an den Ausdruck ›Todeskuß‹. Was könnte ironischer sein?«

Aber in Pfeiffers Interpretation bewahrt Angela ihre Integrität und Würde und ist fest entschlossen, ihrer Vergangenheit zu entfliehen und ihr Leben zu ändern. Auf dem Weg dazu entwickelt Angela langsam Selbstrespekt.

Die ›Mafiosi-Braut‹ Michelle Pfeiffer will nicht, daß ihr Sohn in die Fußstapfen des Vaters tritt

Für Michelle ist die Angela de Marco eine »Traumrolle«. Sie identifiziert sich mit Angela, die versucht, der ihrem Leben aufgezwungenen Kontrolle zu entfliehen, ein Unternehmen, das sowohl beglückend wie auch beängstigend ist. »Das Wort ›Sicherheit‹ gehört nicht zu meinem Vokabular«, sagte sie. Und: »Ich fühle mich am wohlsten, wenn ich an die Arbeit denke, an die Möglichkeiten, die ich habe, und meine Schauspielerei. Aber letztlich verfügst du nur über ein gewisses Maß an Kontrolle. Es gibt so viele Variablen.« Mit typischer Bescheidenheit äußerte sie auch gegenüber David Ansen: »Ehrlich gesagt mag ich die Angela mehr als mich selber. Sie ist weitaus vergnüglicher als ich es bin. Ich bin so widerlich ernst. Wenn ich die Interviews, die ich gebe, lese, frage ich mich immer: Wer ist bloß dieses anmaßende Arschloch? Kannst du nicht ein bißchen *lockerer* sein?«

›Married to the Mob‹: Michelle Pfeiffer und Matthew Modine

Offensichtlich machte es Michelle Spaß, diese Rolle zu spielen, auch wenn sich ihre Selbstkritik hart anhört. Und wenn der Film negative Kritik erntete, so war dies nicht Michelle zuzuschreiben.

Demme zufolge »entdeckt Angela, daß es das Gute und das Böse in der Welt gibt – und daß beides hinter ihr her ist.« Aber die Vermischung von Akzenten in diesem Film, die die Ironie von Familienstärke im Verbund mit organisierter Kriminalität und Gewalttätigkeit aufzeigen sollte, geht manchmal daneben. Das Script weist größere Schwächen auf, wobei wohl am

Drehort noch viel improvisiert wurde, und die unausgewogene und manchmal unlogische Filmbearbeitung hat viel von den Motiven des Films verwischt. Doch Michelles erstaunliche Leistung als vulgäre, nouveau-Long-Island-Witwe brachte ihr den »Durchbruch«.

Nicht nur hat Pfeiffer in diesem Film ein anderes physisches Aussehen, sie spielt eine etwas geschmacklose, auf hohen Absätzen dahinschwankende Brünette, sondern auch jede ihrer Gesten, jede Gesichtsregung ist authentisches Brooklyn der Unterschicht und von ihren anderen Rollen und ihrem wirklichen Leben so weit entfernt wir nur irgend möglich. Sie fängt die Modulation und spezifische Sprechweise ihrer Figur perfekt ein. In Vorbereitung auf die Rolle der Angela de Marco

Angela DeMarco (Michelle Pfeiffer) gefällt es nicht, daß ihr Mann (Alec Baldwin) ein Mafioso ist

studierte sie deren Akzent wie auch Gebaren sehr sorgfältig. Sie tummelte sich in Warenhäusern und freundete sich mit Kosmetikerinnen an, mit denen sie immer noch Kontakt hat, um sich mit deren Einstellung und Sprechweise vertraut zu machen. Demme erzählte Clarke Taylor von der *Chicago Tribune* (14. August 1988), daß »als der Akzent, das Haar und alles stimmte, am Drehort niemand mehr Michelle erkannte.«

Terrence Rafferty vom *New Yorker* bezeichnet ihre Darstellung als »außerordentlich... Sie läßt Angelas Zähigkeit und gutes Wesen glaubhaft, lustig und anrührend erscheinen.« Zumindest in Michelles Darstellung finden sich keine Ungereimtheiten, die den Zuschauer irritieren: »Ihre Vulgärheit und ihre fast ätherische Zartheit scheinen nahtlos miteinander verbunden«, schreibt Rafferty. Alan Mirabella ist der Ansicht, daß Michelle hier schließlich »die ganze Reichweite ihres Talents« gezeigt hat. (*New Yorker Daily News,* 14. August 1988).

Die Rolle der Angela de Marco brachte Michelle eine Golden Globe-Nominierung ein. Der Zuschauer muß sich ständig ins Gedächtnis rufen, daß diese Figur da auf der Leinwand der schöne, intelligente, sexy Filmstar Michelle Pfeiffer ist. Eine mutige Darstellung, bei der Michelle alles riskiert und das allgemeine Image, das sie berühmt machte, zerstört. In einem Interview von 1989 gesteht sie, daß dies bislang ihre liebste Rolle war, und sie hat auch großes Lob für Jonathan Demme. »Wissen Sie, was mir an der Zusammenarbeit mit Demme Angst macht?« fragt sie David Ansen. »Ich habe Angst, daß ich nie wieder so gut sein werde. Weil er wirklich alles aus mir herausholt. Er bringt mich dazu, Dinge zu tun, die ich nicht für möglich halte. Ich habe das Gefühl, ich könnte den Rest meines Lebens mit Jonathan Demme und seiner Crew da in New York arbeiten und wäre glücklich, was meine Karriere angeht. Es ist eine wirklich gute Zeit und die brauche ich im Moment.«

Unmittelbar im Anschluß an *Married to the Mob* und den starken Eindruck, den sie hinterließ, erschien sie in einem anderen im Gangstermilieu angesiedelten Film. Aber diese Rolle war ganz anders gelagert, wie auch ihre Beziehung mit

Der Gangster (Dean Stockwell) hat ein Auge auf die ›Mafiosi-Braut‹ (Michelle Pfeiffer) geworfen

dem Regisseur, und es handelte sich um einen dramatischen, keinen satirischen Film. Michelle spielte die Jo Ann Vallenari in *Tequila Sunrise* (Warner Brothers, 1988) unter der Regie von Robert Towne, und ihre Partner waren Mel Gibson, Kurt Russell und Raul Julia.

Jo Ann Vallenari hat mit der hektischen, verängstigten und ungebildeten Angela de Marco wenig gemeinsam. Schwer zu glauben, daß beide Rollen von derselben Schauspielerin gespielt werden. Michelles physische Erscheinung, ihre Mimik, Körpersprache, Stimme und Leinwandpräsenz sind hier radikal anders.

Tequila Sunrise präsentierte sowohl dem Publikum wie den Schauspielern eine Reihe dramatischer Komplikationen. Ro-

›Tequila Sunrise‹-Autor-Regisseur Robert Towne gibt Michelle Pfeiffer Anweisungen

bert Towne, der für seine sich an ein anspruchsvolleres Publikum wendende Arbeit in Filmen wie Roman Polanskis *Chinatown* und Warren Beattys *Shampoo* bekannt ist, lehnte sich in *Tequila Sunrise* an die klassische Schwarze Serie der 1940er an. Michelle mußte sich in ihrer Darstellung den typischen Filmstil der Schwarzen Serie aneignen, um Townes dichte, flotte, erotische Atmosphäre glaubwürdig zu machen.

Trotz der allseits bekannten Meinungsverschiedenheiten zwischen ihr und Towne über die Rolle der Jo Ann Vallenari machte sie ihre Sache sehr gut. Mit ihrem Portrait der gewandten, intelligenten und meist selbstbeherrschten Besitzerin/Geschäftsführerin eines Nobelrestaurants in Los Angeles rief sie ständig Vergleiche mit Lauren Bacall und anderen legendären Gestalten der Glanzzeit Hollywoods hervor.

Die Handlung war komplex, was sowohl der filmischen Tradition der Schwarzen Serie wie auch Townes eigener früherer Arbeiten entspricht. Vallenaris Restaurant stand schon seit

Jahren unter dem Schutz des von Mel Gibson gespielten Dale »Mac« McKussic. Mac ist ein Drogendealer, der noch ein letztes »Buchführungsproblem« für einen Freund regelt, bevor er sich aus der Unterwelt abseilt. Seine Protektion ruft die polizeiliche Überwachung von Vallenaris Lokal auf den Plan, und sie wird schließlich physisch und emotional in den Konflikt zwischen dem Polizisten Nick Frescia (von Kurt Russel gespielt) und Mac hineingezogen. Sie ist gezwungen, zwischen den beiden Männern zu wählen, muß aber vorher herausfinden, wem sie, wenn überhaupt, trauen kann. Wird sie von Nick benutzt, damit er McKussic zu fassen kriegt? Benutzt er McKussic, um an den geheimnisvollen und tödlichen Freund

Wer würde nicht gerne mit Michelle Pfeiffer einen ›Tequila Sunrise‹ trinken

Carlos heranzukommen? Oder wird sie von McKussic benutzt? Vallenaris kühle Entschlossenheit beginnt unter dem Druck dahinzuschmelzen, und Michelle fand sich in der herausfordernden Situation, eine mal coole, mal explosive Frau zu spielen.

Es ging nicht darum, die Vallenari »in der realistischen Manier, in der die meisten Filme und Fernsehseifenopern heute Frauen portraitieren« als durchblickende und ganz offen sexuell attraktive Heldin unserer neunziger Jahre zu spielen. Vielmehr verlangte die Rolle eine klassische, verführerisch surrealistische Darstellungsweise. Michelle meisterte diese Herausforderung »außerordentlich gut«.

Trotzdem wurde *Tequila Sunrise,* anders als *The Witches of Eastwick* und *Married to the Mob,* vom Durchschnittspublikum, das an die intellektuellen Anforderungen eines Film der Schwarzen Serie nicht gewöhnt ist, sehr gemischt und nicht durchwegs mit Erfolg aufgenommen. Roger Ebert und Vincent Canby, einflußreiche Kritiker der *Chicago Sun Times* und *New York Times,* verrissen beide den Film und bezeichneten ihn als »mittelmäßig«. Aber David Ansen von der *Newsweek* mochte ihn: »Dieser dichte, sexy und schlüpfrige Film funkelt vor Witz und Gefühl. Es mag zwar nur ein Gangsterfilm sein, aber er schlägt einen in einen überaus verführerischen Bann« (12. Dezember 1988). Andere Kritiker, wie etwa Mike McGrady, waren ähnlicher Ansicht.

Um fair zu sein, sollte vielleicht gesagt werden, daß der Film beim Publikum nicht wirklich ankam, weil das klassische Genre der Schwarzen Serie und die Beziehungen unter den Erwachsenen auf einem vom Jugendkult beherrschten Markt keine große Chance hatte, wo diese Form von Leidenschaft kaum Verständnis findet. Da die drei Stars Kassenmagneten sind, wurde der Film kein finanzieller Verlust, aber er hätte eigentlich ein größerer Hit werden müssen. Zum Trost sei gesagt, daß der Film *Chinatown, als er anlief, viele negativen Kritiken bekam und seine Unkosten kaum je einspielte, inzwischen aber als Klassiker gilt. Die Zeit mag mit Tequila Sunrise*

Eine Frau zwischen zwei Männern. Kurt Russell, Michelle Pfeiffer und Mel Gibson in ›Tequila Sunrise‹

gnädiger verfahren, das inzwischen auf dem Videomarkt zum Hit geworden ist.

Dangerous Liaisons, der andere Film, den Michelle 1988 drehte, hatte keine derartigen Probleme. Ihre tragische Rolle als treue und tugendsame, doch leidenschaftliche Madame de Tourvel brachte ihr eine Academy Award Nominierung als beste Nebendarstellerin ein. Alles in allem wurde der Film siebenmal nominiert, darunter für den besten Film und den besten Hauptdarsteller (John Malkovich). Mit diesem Projekt machte der geachtete, junge, britische Regisseur Stephen Frears den Sprung von kleinen Avant-Garde-Kunstfilmen zu großen kostspieligen kommerziellen Filmen.

Menage à trois: Glenn Close, John Malkovich und Michelle Pfeiffer in ›Dangerous Liaisons‹

Dangerous Liaisons (Warner Brothers, 1988) liegt Christopher Hamptons Drehbuch »Les Liaisons Dangereuses« zugrunde, das seinerseits auf Choderlos de Laclos' Roman des siebzehnten Jahrhunderts basiert. Laclos schildert die Dekadenz der Aristokratie sechs oder sieben Jahre vor der Revolution, durch die die Macht vom Adel auf die Bourgeoisie überging. Laclos' Aristokraten, die, unter anderem, mit den Gefühlen und der Tugend der de Tourvel spielen, sind herkömmlichen Werten und menschlichen Gefühlen so entfremdet, daß sie für die Gesellschaft nutzlos geworden sind. Aus diesem Grund war die französische Revolution unvermeidlich. Die aristokratische Klasse wurde abgeschafft, weil sie ihre Existenzberechtigung verloren hatte.

Frears entfernte einige der komplexeren politischen Anspielungen und spielte die verschwenderische Dekadenz des aristokratischen Lebensstils des siebzehnten Jahrhunderts etwas herunter, was aber dem Zuschauer kaum auffallen wird. Die Opulenz dieses Zeitgemäldes mit seinen atemberaubenden optischen Eindrücken und kunstvollen Kostümen reicht aus, den weniger übersättigten Zuschauer von heute zu Bewunderung hinzureißen.

Frears hebt vielmehr die amoralische Einstellung dieser nutzlosen Klasse von Figuren hervor, die in einer von den romantischen Vorstellungen der Bourgeoisie noch nicht berührten Beziehungswelt agieren.

In dieses unsentimentale Milieu heiratet Madame de Tourvel ein, dessen Menschen sie aus der Laune heraus ruinieren.

Die Leiden der jungen M. in ›Dangerous Liaisons‹

Madame˙de Tourvel ist bürgerlicher als ihre Verführer, und Frears wählte für diesen Part die einzige nicht klassisch ausgebildete Bühnenschauspielerin der ganzen Besetzung, nämlich Michelle Pfeiffer. Seine Wahl entsprach der gegebenen Vorlage, erklärte er einmal. Madame de Tourvel ist »eine Frau, deren besondere Anmut in ihrem Mangel an Gekünsteltheit liegt.« Ihr herzzerreißender Niedergang wird durch die Machenschaften jener Menschen bewirkt, die ihr Gegenteil in Charakter und Überzeugung sind, dem verführerischen Vicomte de Valmont und der aktiv bösartigen Marquise de Merteuil, von den bühnenerfahrenen Schauspielern John Malkovich und Glenn Close gespielt.

Michelle äußerte sich zu der Schwierigkeit ihrer Arbeit unter solchen Bedingungen: »Ich hatte eine wunderbare Zeit während der Dreharbeiten, aber es war wirklich harte Arbeit. Ich habe keine klassische Schauspielerausbildung, und diese Art von Material duldet keine mittelmäßige Szene. Wenn du einer Szene nicht gewachsen bist, geht sie daneben. Da kannst du nicht schummeln.«

Aber Michelle schummelt nie. In der Rolle der de Tourvel schafft sie es, geradezu die Reinheit einer Heiligen und reife Sinnlichkeit zugleich auszustrahlen. Bezwingend fängt sie die Widersprüche jener Zeit ein, in der Frauen als reine Gefäße Gottes betrachtet wurden, ihre Leidenschaft verbargen und sie nur heimlich ausagieren konnten. Die Ehe war eine höfliche Angelegenheit gesellschaftlicher Funktion und eine finanzielle Transaktion, die oft wenig mit der Befriedigung einer angeblich nicht existierenden weiblichen Sexualität zu tun hatte. Als die de Tourvel macht Michelle sowohl Verweigerung wie Verlangen sichtbar, ein Sexualobjekt, dessen Verführung Gegenstand eines Duells im Geschlechterkampf wird. Das Publikum weiß, daß sie schließlich kapitulieren wird. Die erotische Spannung stellt sich her, weil ungewiß ist, wann oder wie die Vereinigung zustandekommt. Und das Gefühl der Unvermeidlichkeit dieser ruinösen Vereinigung steigert sich im Laufe des Films.

Durch Intrige zum Beischlaf: John Malkovich becirct Michelle Pfeiffer in ›Dangerous Liaisons‹

Während Valmont der aggressive Manipulator ist, fungiert Madame de Tourvel als Katalysator für Valmonts eigene unterdrückte romantische Gefühle, ein Dampfkessel keuscher Sexualität, der nur darauf wartet, überzukochen. Michelles subtile Energie muß die Szene vorantreiben, obwohl sie das passive »Gefäß« spielt, das vom aktiven Verführer »genommen« wird. In diesem Film wird Michelles Fähigkeit, anrührende Emotion mit Subtilität statt in Übertreibung darzustellen, wieder einmal sichtbar.

Und das gilt auch für ihre Arbeitskapazität. *Dangerous Liaisons* war Michelles dritter Film innerhalb von fünf Monaten, eine Leistung, die eher in den glorreichen Tagen Hollywoods üblich war, als die Stars im alten Fließbandsystem der Studios von einem Film zum anderen hüpften. Aber anders als in all den Wegwerffilmen der 1930er, 40er und 50er Jahren, wo ein Star, wenn er »heiß« war, von den Studiobossen ausgebeutet wurde, waren alle drei Filme Michelles hoch geachtete Projekte, die sowohl von den Kritikern als auch auf den internationalen Filmfestivals ernst genommen wurden. Dieser Film hat allerdings möglicherweise deshalb keinen Oscar bekommen, weil er Eigentum einer »Kunstfilm«-Firma war und von einem eher kleineren Verleih statt von einem Studio vertrieben wurde.

Doch der harte Arbeitsplan von *Dangerous Liaisons* hat Michelle emotional einiges gekostet. Robert Lindsey erzählte sie: »Es war ein sehr enger Zeitplan mit einer Menge Arbeit, die in eine sehr kurze Zeitspanne gepreßt wurde…

Ich kann mich erinnern, daß ich manchmal in meinem Trailer saß, während sie eine Szene aufbauten, und ich wußte, ich muß jetzt da reingehen und wieder einmal schluchzen, und ich hatte einfach keine Lust mehr. Ich saß nur da und sagte: ›Ich hab keine Lust dazu.‹

Und weil meine Arbeit auf eine so knappe Zeit komprimiert war, war jede Szene irgendwie schwer. Es gab keine lockeren Tage, und ein Film, der in so einer Epoche spielt, ist sehr schwierig. Du bist zwölf Stunden am Tag in ein Korsett eingeschnürt und manchmal sogar noch länger. Du kannst dich nicht mal entspannen, und das strengt wirklich an. Normalerweise machst du einen Film, und du hast ein oder zwei Szenen, vor denen du Angst hast, auf die du dich nicht gerade freust. Aber in diesem Script waren eine ganze Menge solcher Szenen drin.«

Doch der Erfolg von *Dangerous Liaisons* gab Michelle auch Auftrieb, sie überwand ihre Erschöpfung und wagte 1989 den Sprung auf die Bühne. Sie trat im Delacorte Theatre in New York als Olivia in *Twelfth Night* auf. Das Stück mit vielen Stars, von Joseph Papp für das New York Shakespeare Festival produziert, wurde für die Zuschauer gratis im Central Park aufgeführt. Unter den Stars fanden sich Jeff Goldblum (*The Fly*) als Malvolio, John Amos (*Roots*) als Sir Toby Belch, Gregory Hines (*The Cotton Club*) als Orsino, und Mary Elizabeth Mastrantonio (*Scarface, The Color of Money*) als Viola.

Ihr Auftreten in *Twelfth Night* gab ihr etwas von bleibendem Wert. Sie wollte schon seit Jahren was auf der Bühne machen, erzählte sie David Blum, und hatte ihrem Agenten entsprechende Anweisungen gegeben. Ihre einzige andere Rolle auf der Bühne war die in dem kleinen Stück *A Playground In The Fall* in Los Angeles gewesen. Damals erhielt sie zwar Lob von Insidern, aber dies war zu Beginn ihrer Karriere gewesen, und die Rolle gab nicht viel her. Sie war in letzter Minute für jemand anderen eingesprungen, hatte nur eine Szene und das Stück wurde nicht rezensiert.

Twelfth Night sprach ein schon lange vergessenes Selbstgefühl in ihr an. »Ich entsinne mich an den Augenblick, als ich nach einem Vorsprechtermin mit Mr. Papp und Harold draußen vor dem Raum saß. Ich saß mit gekreuzten Beinen auf einem niedrigen Tischchen, rauchte eine Zigarette und trank eine Tasse Kaffee. Und plötzlich hatte ich dieses Gefühl, das ich schon seit acht Jahren nicht mehr gehabt hatte, seit damals, als ich für den TV-Film *The Children Nobody Wanted* vorsprach. Ich erinnere mich daran, weil es mein erster Vorsprechtermin war, bei dem mich die Produzenten nicht hübsch haben wollten...

Und diese Rolle – die Olivia – sie ist gewissermaßen verzweifelt, wissen Sie? Verzweifelt verliebt. Ich bewundere sie, weil sie sich nicht auf eine Ehe mit jemandem einläßt, den sie nicht liebt.« *Twelfth Night* ist eine von Shakespeare 1601 oder 1602 verfaßte Geschichte über die Liebe, vielleicht zur Unterhaltung junger Rechtsanwälte. Dem entsprechend geht es bei dieser Liebesgeschichte um die Handhabung gesellschaftlicher Konstrukte und nicht etwa um »zerstörerische Leidenschaft« (wie zum Beispiel bei *Romeo und Julia*). Die in Verkleidung auftretenden Charaktere toben durch die Szenen ständig verwechselter Identitäten, meistens des Geschlechts. Mädchen ziehen sich als Jungen an, verlieben sich in dieser Aufmachung und werden von ungeeigneten Partnern geliebt.

Da dieses Stück seinem Wesen nach nicht auf Romantik basiert, scheint es unfair, daß Papps Produktion von Kritikern wie etwa William A. Henry III. völlig verrissen wurde, der feststellt: »Die Darstellungen prallen aufeinander, degenerieren zu Monologen und wechselnden Starauftritten, die jeglicher emotionalen Beziehung entbehren mit Ausnahme des ersten zarten Flirts zwischen Pfeiffer und der verkleideten Mastrantonio« (*Time*, 17. Juli 1989). In der unromantischen Welt von *Twelfth Night* sind emotionale Verbindungen nun mal dürftig und miteinander unvereinbare Beziehungen ohne flammende Transzendenz der Leidenschaft wenig mehr als aufeinanderprallende Monologe.

Trotz des Lobs für die »zarte« Szene mit Mastrantonio mußte Michelle harte Schläge einstecken. Frank Richs Kommentar in der *New York Times* war »niederschmetternd« für sie: »Ms. Pfeiffer gibt uns ein Lehrbeispiel, wie talentierte Stars, die gerade Karriere machen, von jenen mißbraucht werden, die mehr an der Ausbeutung ihres Berühmtheitsgrades als an der Förderung ihrer künstlerischen Entwicklung interessiert sind.« Michelle fiel es schwer, nach der Lektüre dieser Kritik auf die Bühne von *Twelfth Night* zurückzukehren, aber ein anerkennendes Publikum half ihr, ihre Ängste zu überwinden. »Am nächsten Tag mußte ich auf die Bühne zurück, und das war das Letzte, was ich wollte«, sagte sie. »Ich habe auf dem ganzen Weg zur Freilichtbühne gebetet. Ich betete um vierzig Tage und vierzig Nächte Regen. Aber ich bin da hinaufgestiegen und habe eine großartige Show geliefert, und das Publikum war fabelhaft.«

1989 war Michelle bereits abgehärtet und erfahren genug – und genügend geachtet –, um Stürme wie *Twelfth Night* und, nicht ganz so schlimm, *Tequila Sunrise* durchzustehen. Ihre Arbeit in so bekannten und kommerziell erfolgreichen Produktionen wie unter anderem *The Witches of Eastwick* und *Married to the Mob* hatte sie in den obersten Rängen Hollywoods etabliert.

Die nächste Stufe

Twelfth Night markierte für Michelle den Beginn von etwas Wichtigem und Ungewöhnlichem. Nachdem sie sich tapfer in der Rolle der Olivia auf der Bühne gestellt und einem Sperrfeuer von wohlmeinend warnender bis gehässiger Kritik ausgesetzt hatte, begann sie davon zu sprechen, in persönlicher wie beruflicher Hinsicht Veränderungen vornehmen zu wollen. Veränderungen, die sie über das Medium ihrer Arbeit zu bewerkstelligen suchte. In einem Interview mit *Esquire* im Dezember 1990 nannte sie diesen Prozeß eine Art Schocktherapie, mittels derer sie sich »auf eine höhere Ebene« katapultiere.

Michelle hatte das Gefühl, nach der hektischen Rollenflut von 1988 wieder »in den alten Trott« zu verfallen und wünschte sich neue Herausforderungen, an denen sie wachsen konnte. Ein Bedürfnis, das eine für sie sehr dringliche und persönliche Angelegenheit war, ebenso wie das, herauszufinden, wer sie war, und sich neu zu definieren. Die auf der Leinwand so schwer faßbare und quecksilbrige Michelle wollte entdecken, was ihr in ihrem Leben und ihrer Arbeit wichtig war und Wert hatte. Sie hoffte, über ihre Schauspielerei zu diesen Einsichten zu gelangen, und für kurze Zeit wurde die so überaus selbstkritische Schauspielerin nicht enttäuscht. Die Offenbarung ereignete sich 1990 während der Dreharbeiten zu *The Russia House* in der ehemaligen UdSSR. Davor aber machte Michelle einen Film, der die Kinogänger aufrüttelte, *The Fabulous Baker Boys* von 1989. Es läßt sich nur schwer nachvollziehen, daß ihre kraftvolle, energiegeladene Darstellung der Susie Diamond Teil des »alten Trotts« gewesen sein soll.

Ganz offensichtlich ist Michelle zu bescheiden, was den Kurs ihrer so eindeutig positiven Weiterentwicklung angeht. Der Beweis dafür ist ihre Arbeit in *The Fabulous Baker Boys*, für die sie Preise als beste Schauspielerin von der National Society of Film Critics, des New York Film Critics Circle, der Chicago Film Critics und des National Board of Review einheimste,

Golden Globes are a girl's best friend

sowie den Golden Globe Award als beste Schauspielerin in einem dramatischen Film und schließlich eine Acadamy Award-Nominierung als beste Schauspielerin. Ihre harte Arbeit zahlt sich ganz klar aus.

Und sie arbeitet hart. Wie ein Dämon schuftete sie für ihre Rolle der Susie Diamond in *The Fabulous Baker Boys* (Twentieth Century Fox), einer temperamentvollen Lounge-Sängerin, die zwei Musikerbrüdern (gespielt von den echten Brüdern Jeff und Beau Bridges) den Sinn fürs Leben und die Liebe wiedergibt. Die sich durch Hotellounges tingelnden Brüder, Jack und Frank, befinden sich beruflich auf dem absteigenden Ast und rekrutieren Susie als Sängerin, um ihr müdes Repertoire wieder aufzupeppen. Susie ist Ex-Hostess und Call Girl, zäh und ehrgeizig, weiß aber instinktiv, was alle brauchen. Sie bringt wieder Seele in die musikalische Darbietung der Brüder. Der Film *The Fabulous Baker Boys* ist ein Wunder an Charakterisierung und atmosphärischer Darstellung. Die Handlung ist einfach, die Dialoge sind zurückhaltend, aber die komplexen emotionalen Strömungen, die schließlich das Trio zu überwältigen drohen, kommen mühelos hinüber.

»In der Geschichte geht es darum, daß du deine Träume nicht aufgibst... und daß du, wenn du sie aufgibst, stirbst«, erzählt Michelle.

Im Laufe des Films stellt sich heraus, daß Jack und Frank Baker schon seit ihrer Kindheit zusammen Klavier spielen. Ihr Publikum schwindet dahin und sie sind kaum mehr gefragt. Eine ganze Ära rauchiger Lounge-Musik scheint mit der schwindenden Lebensfreude Franks und Jacks auszusterben, und diese Leere zeigt sich allmählich auch in ihrer Lebenseinstellung. Frank und Jack sind nach den Worten des Drehbuchautors und Regisseurs Steve Klove »Arbeiter-Entertainer«. Sie unterscheiden sich nicht vom Fabrikarbeiter, der 352 Tage im Jahr Stoßstangen montiert. Genau das tun die beiden auch. Sie spulen Abend für Abend immer die gleichen Songs ab – und das vor einem ziemlich gleichgültigen Publikum.«

Doch trotz seiner müden Darbietungen ist Frank (gespielt von Beau Bridges) von gedämpftem Optimismus, was seine Karriere angeht. Ein Optimismus, der sich zunächst auf einen Mangel an Selbsteinsicht und dann auf eine entsprechende Blindheit für die Bedürfnisse der Menschen in seiner Umgebung gründet. Frank ist mit seinem Leben und Job glücklich und kann nur schwer akzeptieren, daß seine geliebten Lounge-Auftritte mit seinem Bruder aus der Mode gekommen sein könnten. Klove erläutert, daß sich in Franks Vorstellungen von populärer Musik, nämlich so alten Klassikern wie »My Funny Valentine« und »Makin' Whopee«, die Begrenztheit seiner Persönlichkeit widerspiegeln: »Wir wählten diese Songs aus, weil sie für die heutigen Lounges typisch sind. Und sie spiegeln meiner Ansicht nach die Charaktere wider, vor allem den Franks. Er findet diese Songs Spitze, was sie natürlich überhaupt nicht sind. Der von jedem der Charaktere bevorzugte musikalische Stil wurde von Dave Grusin bewußt auf die jeweilige Persönlichkeit zugeschnitten. Michelle wird als Susie Diamond zur Verkörperung der Clubsängerin mit Leidenschaft und Stil, und Jack hat ein etwas komplexeres Musikverständnis als der eher einfach gestrickte Frank. Grusins Detailgenauigkeit trägt ebenfalls zur Qualität des Filmes bei.

Produzent Sidney Pollack (am besten bekannt durch seine preisgekrönten Filme *Out of Africa* und *Tootsie,* der vor *The Fabulous Baker Boys* in noch weiteren fünf Filmen mit Grusin zusammengearbeitet hat, berichtet, daß die Musik auch in anderer Hinsicht auf das Thema der Geschichte zugeschnitten wurde. »Die Musik zeigt die Grenzen ihrer Klavierdarbietungen, wie es der Wahrheit der Geschichte entspricht. Da ist immer die Versuchung, es zu gut zu machen. Frank und Jack als Duo haben diesen altmodischen Sound, den Doppelklaviere so oft an sich haben. Ich glaube, Dave hat die Musik gut genug gemacht, daß sie genießbar ist, und altmodisch genug, um Spaß zu machen.«

Es ist kaum verwunderlich, daß die einzelnen Charaktere in einem so sorgfältig gemachten Film ein Eigenleben anzunehmen scheinen. Deshalb nimmt der Zuschauer auch mehr Anteil an ihnen als gewöhnlich und entdeckt echtes Leben in ihrem Drama. Was mit Frank Baker, Jack Baker und Susie Diamond geschieht, strahlt tiefere Bedeutung aus als es bei fiktiven Charakteren meist der Fall ist, weil, wie Kloves sagt, »es in dieser Geschichte nicht ums Show Business geht. Vielmehr geht es darum, daß sich die Welt verändert und damit bestimmte Lebensformen verschwinden.« Die meisten Menschen haben irgendwann einmal das Empfinden, von der Zeit überholt zu werden, und der Film hilft ihnen, mit den daraus entstehenden Gefühlen umzugehen.

Die Veränderungen in ihren Lounge-Auftritten, vor allem die Einbeziehung Susie Diamonds, lösen bei Frank gelegentlich schmerzliche Momente der Selbsterkenntnis aus, und bringen eine Lebendigkeit in Jacks Existenz, die ihm schon lange fehlte. Die Rolle der Susie Diamond gibt viel her, und Michelle scheint diesen temperamentvollen Part zu genießen. Sie »ist eine der lebendigsten Persönlichkeiten, die ich je spielte«, sagt sie. »Sie ist eine Art Naturgewalt und hat etwas von einer Zigeunerin an sich. In ihrer Ehrlichkeit liegt eine Reinheit, die ich wirklich respektiere. Als absolut emotionales Geschöpf ist sie liederlich, frech und wirklich smart. Sie hat keine Angst davor, Risiken einzugehen, und sie macht sich selbst nichts vor. Wenn sie Fehler macht, gibt sie nicht den anderen die Schuld.« Und Ryan Murphy vom Londoner *20/20* Magazin erzählte sie: »Was meine Karriere angeht, so war ich immer ziemlich mutig, aber nicht so in meinem Privatleben. Ich wollte mit dieser Rolle diese Seite in mir herausbringen. Sie ist die erstaunlichste Frau, die ich jemals spielte. Sie ist brutal ehrlich, entschuldigt sich nicht für das, was sie ist, und kennt kein Bedauern.«

Jack Baker dagegen ist dabei, sich allmählich aufzugeben. Susie belebt ihn wieder, ein Akt schierer Notwendigkeit zum Zeitpunkt, da Jack Susie begegnet. Klove erklärt Jacks verzweifelte Situation, indem er ihn mit dem selbstzufriedenen Frank vergleicht: »Frank hat noch ein Leben außerhalb der Lounges. Er ist verheiratet, hat zwei Kinder und ein Haus in der Vorstadt. So gesehen könnte er genausogut auch ins Büro gehen. Jack dagegen hat nichts. Er lebt in einem schäbigen Apartment mit einem kranken Hund und hat nur sehr wenige menschliche Beziehungen, darunter eine mit einem kleinen Mädchen, das über ihm wohnt und sich in sein Apartment

Offenherzig: Michelle Pfeiffer als Susie Diamond

flüchtet, wenn ihre Mutter mal wieder ›einen Gast unterhält‹. Während seiner Auftritte spielt er völlig mechanisch, im Dämmerzustand, nur manchmal flüchtet er sich in den Jazzclub, wo er aus seiner Seele heraus spielen und wieder lebendig werden kann. Und Susie merkt das.« Jeff Bridges, der den Jack spielt, nimmt zu der starken Beziehung, die Jack mit Susie entwickelt, Stellung. Jack ist eigentlich ein emotionaler Feigling, bis ihn

›The Fabulous Baker Boys‹ umgarnen Susie (Michelle Pfeiffer)

Susie dazu zwingt, sich mit seinen Ängsten zu konfrontieren. »Jack ist sehr kompliziert und er ist auch, was nicht gleich auf den ersten Blick zu erkennen ist, verängstigt. Er hat Angst, irgend jemandem oder irgend etwas nahe zu kommen und sich darauf einzulassen, und er fürchtet sich sogar auf merkwürdige Weise vor seinem Talent. Wenn er keinen Erfolge hat, hat er auch keinen Mißerfolg.«

Durch Susie ändert sich das alles. Sie zeigt, was hinter Jacks Promiskuität wirklich steckt: Er bemäntelt damit seine Angst. »Um seine kreativen Energien einzudämmen, hat sich Jack eine zweite Karriere als Frauenheld zugelegt«, erklärt Bridges. »Als er Susie trifft, merkt er, daß er hier eine vor sich hat, die ihn in die Ecke drängen kann, die ihn dazu zwingt, sich sein Leben und dessen Leere mal ganz genau anzusehen. Susie durchschaut Jack Baker, und das zieht ihn in gewisser Weise an.«

Auch Frank wächst an den Veränderungen, die Susie in seine ihm vertraute Welt bringt. Beau Bridges, der in *The Fabulous Baker Boys* zum erstenmal zusammen mit seinem Bruder in einem Film auftritt, erläutert die reifer werdende Beziehung zwischen den beiden Brüdern. Franks Leben ist von einer gewissen Gleichförmigkeit, bis Susie sich ihren Lounge-Auftritten anschließt, und er hatte keinen wirklichen Grund, etwas an seiner Beziehung mit Jack zu verändern, bis ihre beunruhigende Präsenz alles umkrempelt. Frank glaubte bis zum Zeitpunkt, da Jack durch seine Beziehung mit Susie wiederbelebt wird, irgendwie der Hüter seines Bruders zu sein. Die Auswirkungen, die Susie auf ihr Leben hat, lehren ihn, seinen Bruder loszulassen und ihn seinen eigenen Weg gehen zu lassen.

Ein Trio macht Karriere. Michelle mit Beau und Jeff Bridges

Die Beziehung zwischen den beiden Brüdern ist tief und letztlich liebevoll und entfaltet sich auf der Leinwand wie »Zwiebelschalen« oder wie in einem »altgriechischen Theaterstück«. Der Film erhält durch den Nachdruck, der auf die Entwicklung der Charaktere gelegt wird, eine lebendige, vielschichtige Struktur, wobei die einzelnen sehr individuellen Persönlichkeiten nur überleben können, wenn sie ihre Funktion innerhalb des Chors aufrechterhalten. Jack und Susie fürchten sich zunächst davor, die zwischen ihnen brodelnde sexuelle Spannung einzugestehen. Susie will nicht die zarte Harmonie des Trios aufs Spiel setzen, indem einer der Partner »komische« Gefühle für sie hegt. Hier, wie auch in so vielen anderen Details des Films, zeigt Klove, wie die Verteidigung der Harmonie innerhalb des Trios die einzelnen Charaktere »einengt« aber auch stärkt.

Insgesamt stellt die Komplexität und Tiefe des Films eine bemerkenswerte Leistung dar, zieht man vor allem Kloves relativ junge Karriere in diesem Geschäft in Betracht. Er hat sowohl das Drehbuch für diesen Film geschrieben wie auch Regie geführt. Davor hatte er das Drehbuch für *Racing With The Moon* verfaßt, was erst das dritte Script war, das er je geschrieben hatte, und das erste, aus dem ein Film wurde. Danach kam *The Fabulous Baker Boys.* Trotz seines relativen Mangels an Erfahrung wußte Klove, was er wollte. Seine alte Freundin und Produzentin von *The Fabulous Baker Boys,* Paula Weinstein, sagt über ihn: »Er ist ein Vollblutautor, der die Menschen versteht und weiß, wie man für die Leinwand schreibt und mit nur wenigen Worten jedes Gefühl hervorruft. Mich überraschte, daß ich, als ich mit dem Script durch war, später von jedem Satz, den mir jemand vorgelesen hätte, hätte sagen können, von wem er stammt. Jeder von Steves Charakteren besaß irgendwie Einzigartigkeit.

Sidney Pollack teilt den allgemeinen Enthusiasmus über Kloves Arbeit. Für ihn beschwört das Script einen ganz bestimmten Stil und eine Stimmung herauf, die durch Understatement komplexe und subtile, doch sehr intensive Aussagen macht. Er

»My heart belongs to daddy«… Michelle Pfeiffer als die Sängerin Susie in ›The Fabulous Baker Boys‹

bezeichnet Kloves Script als »minimalistisch« und »sparsam«. Die Atmosphäre und die Charaktere stützen sich in klassischer Weise auf spritzige und knappe Dialoge. Die Rolle der Susie Diamond erinnert Weinstein an *Some Like It Hot.*

»Susie ist der Motor des ganzen Stücks – eine Frau, die sich in der Welt auskennt, ein bißchen zynisch ist, ihre Wunden davongetragen hat«, sagte sie. »Ihre Beziehung mit Jack ist quasi ein Menuett zweier Leute, die sich dem Schmerz einer Liebesaffäre nicht aussetzen wollen und es trotzdem tun. Michelle macht die Susie zu einer so prickelnden, interessanten und lebendigen Person, daß selbst der deprimierte Jack wieder in Stimmung kommen und aufwachen muß.«

Wenn Kloves Drehbuch Lob einheimste, so braucht sich seine Regieführung nicht dahinter zu verstecken. Er ist die Art von Regisseur, den sich die meisten Schauspieler wünschen. Weinstein bemerkt dazu: »Steve schreibt nicht Absatz für Absatz und in literarischer Weise. Er schreibt für die Schauspieler, läßt ihnen Raum für die Darstellung, und deshalb faßt man zu einem wie ihm, wenn er Regie führen will, leicht Vertrauen.«

Und gewiß mangelt es Klove nicht an Beliebtheit bei den Schauspielern. Michelle, die mit ihm befreundet ist, mochte die Rolle der Susie so sehr, daß sie ihn bat, sie spielen zu dürfen. Kloves erwiderte, daß sie genau das sei, was er haben wollte, eine Untertreibung angesichts der Aussage Ryan Murphys, wonach er den Part der Susie Diamond extra für Michelle geschrieben hatte. »Ich traf sie auf dieser Party. Wir kamen ins Gespräch und ich war geradezu geschockt«, erzählte Klove. »Sie hat so gar nichts von Hollywood an sich. Sie ist sehr vielschichtig. Und ich glaube, ein Teil ihres Talents ist bis jetzt noch gar nicht berührt worden.«

Geradezu wie im Märchen wurde seine Erkenntnis über Michelles schauspielerisches Talent reichlich belohnt, wie auch eine andere Entscheidung, die er traf.

Er entschloß sich kühn dazu, Michelle ihre Songs im Film selbst singen zu lassen. Es waren insgesamt sieben, alles Pianobarklassiker wie »My Funny Valentine«, »Ten Cents A Dance«, »More Than You Know«, »The Look of Love« und »Makin' Whoopee«. Klove begründete seine Entscheidung mit seinem Hunger nach realistischen Details. »Ich wollte nicht die Stimme von jemand anderem einspielen. Und obwohl wir Lippensynchronisation machten, wollte ich ihre Stimme haben. Da bin ich eigen – und Michelle unterstützte mich dabei –, wenn du zu deiner eigenen Stimme lippensynchronisierst, weißt du, was du bei der Aufnahme des Songs gemacht hast.«

Aber Michelle hatte seit der Stephanie Zinone in *Grease II* von 1982 nicht mehr professionell gesungen. Zuerst war sie sich nicht sicher, ob sie die Sache durchziehen konnte.

Michelle erklärt hier ihren Mumm mit »Naivität«. Murphy gegenüber äußerte sie: »Ich liebte das Script von *Baker Boys* , ich liebte die Figur und unterschrieb. Und dann plötzlich kam mir: ›Shit, ich muß ja singen!‹ «

Und in ihrer bescheidenen Art fährt sie fort: »Du gehst mit jedem Film das Risiko ein, zu versagen. Aber bei diesem Film dachte ich von Anfang an: »Mein Gott, sehr gut möglich, daß du dich hier in die Nesseln setzt. Vor allem in der *Makin'*

Whoppee-Sequenz. Du kannst dich nur schwer selber ernst nehmen, wenn du über ein Piano hingegossen daliegst.«
Trotz ihrer offensichtlichen (in Anbetracht ihrer Bandbreite

›The Fabulous Baker Boys‹: Michelle goes Tina Turner

und Tiefe unbegründeten) Ängste hatte Michelle den Mut, die Rolle anzunehmen. Sie fühlte sich trotz ihrer Erschöpfung nach so vielen starken Filmen in so kurzer Zeit gezwungen, eine so beeindruckende Rolle anzunehmen. »Das geht dann so, daß ich mir ständig sage: ›Ich will nicht arbeiten. Ich werde nicht arbeiten. Ruft mich nicht an. Ich will nichts lesen.‹ Und dann kommt diese eine Rolle auf mich zu und ich muß sie einfach annehmen. Bei *Dangerous Liaisons* war es so und bei Baker Boys auch. Sie waren einfach so etwas Besonderes, daß ich gar nicht anders konnte.«

Nachdem sie einmal die Entscheidung getroffen hatte, mußte Michelle mit dem erschreckenden Gedanken fertigwerden, daß sie wieder in einem Film singen mußte. Für eine introvertierte und uneitle Person wie sie bedeuten das ziemlich massive Ängste.

»Ich hatte schreckliche Angst«, bekannte sie später in einem Interview, »aber die Jungs (Jeff und Beau Bridges) haben mich sehr unterstützt. Sie schwindelten und erzählten mir, wie gut ich sei. Steve sagte immer wieder: ›Schau, ich hab dich in *Grease II* singen gehört. Ich will gar nicht, daß du besser singst als da.‹ Und ich sagte: ›Steve, ich hab seit sieben Jahren keinen Gesangsunterricht mehr gehabt. Damals hab ich auch nicht zwei Päckchen Zigaretten am Tag geraucht.‹ Ich mußte wirklich daran arbeiten, meine Stimme wieder in Form zu bringen.«

Und sie arbeitete, getrieben davon, ihre Darstellung zu verbessern, und gewann die Bewunderung und den Respekt ihrer Mitarbeiter. Kloves erzählte Robert Seidenberg, daß sie zwei Monate lang vor Beginn der Dreharbeiten bei der Gesangslehrerin Sally Stevens Unterricht nahm. Sie übte den ganzen Tag lang und stärkte ihre Stimme. »Sie blieb bis zwei oder drei Uhr nachts auf und sang zu einer Karaokemaschine. Eines morgens gab sie mir, wir probten gerade, ein Band mit ihrer Aufnahme von ›My Funny Valentine‹, und es war einfach umwerfend. Und ich sagte: ›Wir finden auf jeden Fall einen Weg, das mit hineinzunehmen‹.«

Michelles Arbeit mit Sally Stevens trug zur Wiederbelebung

ihres sängerischen Talents bei. Sally Stevens ist eine Studiosängerin, die ihrer eigenen Schätzung nach an 200 bis 300 Filmen mitgewirkt hat, darunter *The Abyss, Ironweed* und *Klute.* Ihre Stimme ist auch in der musikalischen Begleitung vieler Fensehserien zu hören, wie zum Beispiel *The Wonder Years, Matlock* und *Miami Vice.* Fünf Jahre hintereinander erhielt sie den Most Valuable Player-Preis als Studiovokalistin von der National Academy of Recording Arts and Sciences (der für die Grammy Awards verantwortlichen Gruppe).

Grusin bat Stevens, mit Michelle zu arbeiten und ihre Stimme für den Film in Form zu bringen. Wichtig war, daß Michelle wie eine Lounge-Sängerin mit nur einem oder zwei Klavieren im Hintergrund singen lernte, und nicht wie eine Rocksängerin, deren Schwächen von einer Vielfalt an Technik und Instrumenten kaschiert werden konnten. Michelle diesen Stil beizubringen war eine Aufgabe, die zunächst auch Stevens bange werden ließ. »So etwas hatte ich noch nie zuvor gemacht«, erzählte sie Joanne Kaufman vom *The Wall Street Journal* im Oktober 1989. »Ich habe im Studio Aufnahmen mit Profisängern produziert, aber noch nie mit jemanden gearbeitet, der bei Null anfängt. Ich mußte mich weitgehend von meinem Instinkt leiten lassen. Ich glaube, Dave nahm an, daß ich im Laufe meiner Karriere die gleichen Erfahrungen wie Susie Diamond gesammelt hatte und daß Michelle bewußt oder unbewußt ein paar von diesen Dingen mitkriegen würde.«

Michelle bekam bei ihrer Intelligenz und ihrem sicheren Instinkt eine Menge mit. Ähnlich wie bei ihren Recherchen zu *Married to the Mob,* wo sie sich auf Long Island in Schönheitssalons herumtrieb, suchten sie und Stevens Lounge-Sängerinnen in ihrem eigenen Milieu auf. Stevens nahm Michelle ins Cinegrill mit, eine Lounge im Hollywood Roosevelt Hotel in Los Angeles, um sich dort die Pianobarmusiker anzuhören. Michelle sah hinter das Äußere, um den Schlüssel zu ihrer Darstellung der Susie Diamond zu finden. »Sie hat einen wunderbar sicheren Instinkt«, bemerkte Stevens zu Kaufman. »Sie spürte eine unterschwellige Wut in der Darbietung der

Sängerin. Ich glaube, das gilt für viele Clubsänger und -sänge-
rinnen, die das Gefühl haben, nicht die Anerkennung zu bekommen, die sie verdienen oder sich erhofft haben.«

Michelle mußte unbedingt den Stil und die Gefühlslage von
Nachtclubsängerinnen verstehen, sie mußte die Songs so bringen, wie Susie sie bringen würde, Intonation und Ausdruck
mußten stimmen. Stevens präsentierte ihr Ella Fitzgerald, June
Christy und Blossom Dearie als Orientierungshilfe. Zunächst,
so erinnert sie sich, schien Michelle in ihrer Modulation von
Bob Dylan beeinflußt zu sein, der eher dazu neigt, Silben und
Wortenden zu verschlucken. Sie brachte ihr bei, die Konsonan-
ten und Endungen statt dessen hervorzuheben und im gehauch-
ten und koketten Marilyn Monroe-Stil zu singen, so wie es
wohl die fiktive Susie Diamond gelernt hätte. »Wir mußten es
schaffen, Michelles Singweise mit dem Vortragsstil der Susie
in Übereinstimmung zu bringen«, sagt Stevens. »Wenn *Dangerous Liaisons* ein Musical gewesen wäre, dann hätte sie
einen anderen Vortragsstil entwickeln müssen, weil sie in dort
einen anderen Charakter darstellt.« Während des Singens auch
noch zu schauspielern, das ist wirklich eine beeindruckende
Leistung.

Michelle weiß noch, wie hart dieses Arbeiten an ihrer Stimme
für sie war. Ian Blair von der *Chicago Tribune* erzählte sie: »Ich
hab mich beim Proben für diesen Part schier umgebracht. Ich
fing damit an, all diese Gesangsstunden zu nehmen, und dann
sang ich, wo ich stand und ging – in meinem Haus, im Auto,
unter der Dusche.« Und wenn sie nicht sang, dann hörte sie
sich Musik an, »ständig«.

Ihre grundsätzliche Unsicherheit trieb sie wieder einmal zu
einer Höchstleistung. Sie, die sich immer davor fürchtet, als
Betrügerin entlarvt zu werden, statt Zutrauen in ihre Fähigkeiten zu haben, zwingt sich dazu, sich immer weiter zu verbessern, um jene so schwer faßbare höhere Ebene zu erreichen.
Kloves erzählt hier eine interessante Geschichte, die Auf-
schlüsse über Michelles Psyche gibt.

»Wir hatten etwa die Hälfte des Films gedreht, als mich Mi-

104

chelle beiseite zog und sagte: ›Ich glaube, ich ruiniere alles. Was ich da mache, ist doch einfach schauerlich, oder?‹ Es war ein völlig surrealer Moment. Ich dachte, das kann doch einfach nicht wahr sein. ›Michelle‹, sagte ich, ›ich hab dich noch nie so gut gesehen. Glaub mir, an diesem Film liegt mir schon seit fünf Jahren, und wenn ich dächte, daß du ihn ruinierst, dann würde ich es dir sagen.‹ Keine lustige Geschichte, die aber zeigt, wie unglaublich schwer sie es sich selber macht. Und ich glaube, deshalb ist sie so gut. Sie hört nie auf, sich immer noch näher an die Wahrheit eines Moments oder des Charakters, den sie darstellt, heranzutasten.«

Und Michelle kam an die Susie Diamond sehr nahe heran. Die Kritiken von *The Fabulous Baker Boys* strömten fast einhellig über vor Begeisterung. David Denby vom *New York Magazine* zum Beispiel schrieb, daß »Pfeiffer eine straffe, aufregende Darstellung liefert. Sie bringt Sex und die Töne heftigen Ehrgeizes in den Film« (16. Oktober 1989). Rick Groen von Torontos *Globe and Mail* schreibt: »Ihr Gesang ist ein Kompliment für ihre Schauspielerkunst, präzise so gut und schlecht, wie er sein soll. In einem herrlichen Moment übertrifft sie, über das Piano hingestreckt eine Version von ›Makin' Whopee‹ trillernd, Marilyn Monroe – eine Szene, die sogar ein Kirchenfenster unter Dampf setzt.«

Groens Kommentar erinnert an David Ansens Ausführungen zu Michelles anderem bekannten Musical, *Grease II,* am Anfang ihrer Karriere. Michelles Darstellung in *Grease II* verteidigend, sagte er: Ihre »unheimliche Fähigkeit, die Leute an den Charakter, den sie darstellt, glauben zu machen, fiel wie ein Bumerang auf sie zurück. Als Kaugummiblasen aufwerfende High-School-Kratzbürste stellte sie sich als hinterhältiges und köstliches Luder dar. Aber die meisten Leute gingen nun einfach davon aus, daß sie nichts weiter sei als eines der vielen seichten kalifornischen hübschen Mädels, so unreif wie die Person, die sie gespielt hatte.« Was für gewaltige Veränderungen in Michelles Karriere! Jetzt 1989 bei ihrem zweiten Musical, *The Fabulous Baker Boys,* das ihr so viele Preise und

*Michelle Pfeiffer und Tom Cruise mit ihren Golden Globes für
›The Fabulous Baker Boys‹ bzw. ›Born on the 4. of July‹*

Nominierungen eingebracht hatte, war sie eine sowohl von
ihren Kollegen als auch vom Kinopublikum geachtete ernsthafte Schauspielerin mit herausragendem Talent. Niemand
konnte sie mehr mit den Charakteren, die sie portraitierte,
verwechseln. Es waren inzwischen so viele geworden, und sie
alle waren gelungen.

Für alle, die weniger extrem kritisch eingestellt sind als Michelle selbst, mußte deutlich werden, was für gewaltige Schrit-
te die talentierte Schauspielerin gemacht hatte. 1975, als sie
ihren ersten Moment der Offenbarung hatte, stand sie noch bei
Von's an der Kasse. Sie erzählte die Geschichte James Kaplan,
wobei sie jene Aufmerksamkeit fürs Detail unter Beweis stellt,

die ihr praktisch jeden Charakter überzeugend darzustellen erlaubt. »Ich kann mich noch in meiner knappen roten Weste, den schwarzen Polyesterhosen und den weißen Gesundheitsschuhen an der Kasse stehen sehen. Meine schwarzen Hosen waren so ausgeblichen, daß mein Boss eine Sammlung veranstaltete, damit ich mir neue kaufen konnte. Und ich glaube, ich fragte mich: ›Wenn du alles tun könntest, wenn dir jemand es einfach geben könnte, was würdest du tun wollen?‹ Und es war das Schauspielern.«

Und nun 1989, was für ein Kontrast in ihrem Leben! Michelle ist eine mit viel Beifall bedachte Schauspielerin mit einer Karriere, die vielleicht sogar die Träume eines Kassenmädels bei Von's überflügelt hat.

Aber für eine Schauspielerin, die von sich selbst und ihrer Arbeit Perfektion verlangt, schien das nicht genug zu sein. Sie strebte in ihrer Karriere und ihrem persönlichen Leben einige Veränderungen an, um auf eine höhere intellektuelle und spirituelle Ebene zu gelangen.

The Russia House (MGM/UA) von 1990 brachte ihr die er-

Originalschauplatz Moskau: Michelle Pfeiffer auf dem Roten Platz

sehnte Offenbarung. Der brillante tschechoslowakische und britische Bühnenautor Tom Stoppard schrieb das Drehbuch nach einer Vorlage des Bestsellerromans von John Le Carré. Paul Maslansky produzierte den Film und der bekannte australische Filmemacher Fred Schepisi führte Regie. Das Wunder ist, daß Michelles Offenbarung kam, als sie sie brauchte, aber vielleicht liegt auch eine gewisse Angemessenheit darin, daß es während der Dreharbeiten zu diesem Film geschah, der für sich selbst genommen einen Triumph darstellt.

Zum Beispiel scheint das Thema von *The Russia House* jeden anzusprechen, der den Übergang zu einer höheren Ebene anstrebt. Regisseur Schepisi zufolge handelt der Film von einem »desillusionierten Typen, der auf Leute trifft, die bereit sind, ihr Leben zum Wohle der Menschheit zu riskieren. Es geht um einen Mann, der einer Frau begegnet, die ihm die Stärke, sich zu rehabilitieren gibt.«

Der Leinwandliebling Sean Connery (ehemaliger Agent 007 James Bond) spielt Barley Blair, den zynischen britischen Verleger, dessen Leidenschaften schon allzu lange im Suff ertränkt und im Jazz sublimiert wurden. Er liebt Rußland. Wie das Amerika des kalten Krieges ist auch Rußland korrupt, aber er sieht in Rußland ein Potential zur Freude und auch einen Mangel an Anmaßung, der der intellektuelleren westlichen Welt abgeht. Anläßlich einer Schriftstellerkonferenz in Rußland bricht Barley, von Alkohol und Musik beflügelt, in poetische Tiraden über die Möglichkeit eines Weltfriedens aus. Er ruft nach einem »anständigen« menschlichen Wesen, das sich gegen die Weltpolitik zur Wehr setzt, nach einem Heros, der die Menschheit liebt, statt sich im Wettrüsten auf eine geopolitische Seite zu schlagen. Sehr zu Barleys Überraschung, ja zu seinem Kummer, wird sein Ruf nach einem Helden beantwortet. Ein brillanter sowjetischer Physiker, der Barley nur als »Dante« bekannt ist und dessen wahren Beruf er nicht kennt, fühlt sich vom Aufruf des Verlegers zu Heldentaten inspiriert. Und der widerstrebende Barley sieht sich nun durch Dantes starkes Beispiel gezwungen, zu seinen Worten zu stehen.

Sean Connery und Michelle Pfeiffer in der John Le Carré-Verfil-mung ›The Russia House‹

Dante (von Klaus Maria Brandauer eindringlich gespielt) gibt seiner ehemaligen Geliebten, einer sowjetischen Verlegerin namens Katya (von Michelle glänzend gespielt), ein Manuskript, das über die militärische Stärke der Sowjets detailliert Aufschluß gibt. Die Veröffentlichung dieses Manuskripts, ein mutiger Akt, den Dante von Barley erbittet, »könnte das globale Gleichgewicht der Mächte dramatisch ändern, wenn nicht gar den Lauf der Weltgeschichte.« Barley muß das »anständi-

Trotz schweren Akzents verführerisch wie nie. Katja alias Michelle in ›The Russia House‹

ge« menschliche Wesen werden, das er so dramatisch herbeiflehte, und das explosive Material veröffentlichen.

Doch mächtige feindliche Kräfte sind von beiden Seiten auf dem Vormarsch. Zwar mag der russische Sozialismus angesichts von Glasnost und Perestroika zusammenbrechen, aber die alte Rige der Topspione versucht auf tödliche Weise, ihre Position zu behaupten. Und westliche Agenten, die dem Manuskript und zunächst auch Barleys Motiven mißtrauen, fangen Dantes Werk ab und schleudern Barley in eine Welt internationaler Intrigen, um irgendwie mit dem Physiker in Kontakt zu kommen. Dante, so scheint es, traut nur Barley als Mittler zur westlichen Welt.

Katyas Mission als Botengängerin für Barley und Dante wird noch gefährlicher, nachdem das Manuskript abgefangen wurde, aber sie ist willens, ihr Leben und sogar das ihrer Kinder zu riskieren, um ihrer so geliebten und gefährdeten Welt Frieden zu bringen. Barley wird angesichts von Katyas großartigem Beispiel an Selbstlosigkeit und Optimismus dazu inspiriert, das »anständige« und heroische menschliche Wesen zu werden, das er früher in anderen gesucht hatte. Zum Schluß entscheidet er sich dazu, Katya zu retten, und damit symbolisch alle Menschen dieser Welt, und nicht den Interessen der Topspionriege auf beiden Seiten zu dienen. Zu Katya sagt er: »Du bist jetzt mein Land.« Das Leid echter Menschen, nicht intellektuelle Abstraktionen wie z. B. nationale Interessen, bewegen ihn dazu, ein besserer Mensch und ein Held zu werden.

Connery sagt über seine Rolle: »Barley Blair fängt als dieser versoffene, Saxophon spielende Verleger an, dessen Leben ein einziges Chaos ist. Die Leute, denen er in Rußland begegnet, und die Konfrontation mit diesem moralischen Dilemma tragen dazu bei, daß er wieder Kontakt zu sich selbst findet und schließlich zur Welt.«

Es läßt sich leicht erkennen, daß diese mit Symbolik behaftete und anregende Atmosphäre dazu geeignet war, bei Michelle einige persönliche Offenbarungen auszulösen. Wenn man bedenkt, daß parallel zu dieser Atmosphäre die sehr dramatischen Umstände der Dreharbeiten des ersten westlichen, nicht koproduzierten Films in der UdSSR kamen, dann wäre es geradezu enttäuschend, wenn es dabei nicht gelegentlich zu einer unglaublichen Selbstenteckungsreise gekommen wäre.

Als kulturelles und politisches Experiment hatte *The Russia House* eine wunderbare Chance, den Amerikanern und Sowjets zu zeigen, daß eine Zusammenarbeit möglich ist. In philosophischer Hinsicht wurde mit dem wagemutigen Inhalt des Films Neuland betreten insofern, als das Publikum nicht dazu aufgefordert wird, sich für eine der Seiten zu entscheiden.

Aber lausiges Wetter und ungewohnte Vorschriften im Umgang mit der sowjetischen Filmcrew beschworen beim Drehen einige Krisen herauf. Und auch war es kaum überraschend, daß es zu einigen Schwierigkeiten wegen des ganz realen sowjetischen Problems der Nahrungsversorgung kam. Ein Mitglied der Crew entsinnt sich an sein schreckliches Gefühl, als Schepisi vor einem russischen Laden filmte. Im Schaufenster sollten mehr Nahrungsmittel liegen. Der Geschäftsführer entsprach der Bitte des Filmemachers und brachte seine versteckten Waren zum Vorschein. Verzweifelte Sowjetbürger versammelten sich vor dem Laden, um an die so raren Nahrungsmittel heranzukommen und wurden herb enttäuscht. Nachdem die Szene abgedreht war, verschwanden die Waren wieder in ihrem Versteck.

Diese Nahrungsmittelkrise war auch der Auslöser für Michelles Moment innerer Veränderung. Die sowjetischen Behörden gestatteten es den westlichen Filmgesellschaften nicht, die beim Film mitwirkenden Sowjetbürger zu verköstigen. Michelle war zunächst unfähig, mit dieser ihrer Ansicht nach extrem unfairen Situation umzugehen. Hal Hinson erzählte sie: »Da saßen sie in diesem Land, wo du nichts zu essen kriegst, wo du keine Seife bekommst, und schauten zu, wie wir diese Berge heißer, dampfender Spaghetti in uns hineinschaufelten.« Sie verließ protestierend den Drehort und weigerte sich weiterzuarbeiten, bis nicht auch die sowjetischen Mitarbeiter, die Seite an Seite mit den Westlern in dieser extremen Kälte arbeiteten, verköstigt wurden. Die sowjetische Filmkommission mußte auf den Plan gerufen werden. Sie baten Michelle dringlich, zurückzukommen. Und sie erklärten ihr, was für ihre persönliche Reise sehr wichtig war, daß die Dinge in der UdSSR eben so gehandhabt wurden. Dies sei nicht der Westen. Und nach einer schlaflosen Nacht fing Michelle an, diese Worte zu akzeptieren und hatte einige persönliche offenbarende Einsichten, die sie mit einer neuen Perspektive von sich selbst und der von ihr gespielten Katya an die Arbeit zurückkehren ließen.

»Es war eine sehr traumatische Erfahrung«, berichtete sie in einem Interview mit dem *Esquire.* »Da merkte ich, daß das so typisch amerikanisch an mir ist. Das ist es, was man uns, als Land, immer vorwirft. Es geht nicht darum, ob ich recht habe oder nicht. Die Frage ist, ob ich, als Außenstehende, das Recht habe, dieser Kultur meine Empfindlichkeiten aufzwingen zu wollen.«

Sie kam zum Schluß, daß sie nicht das Recht hatte, und diese Erkenntnis verwandelte sie. Zunächst brachen die alten Vorstellungen zusammen, die Michelle von sich selbst hatte. »Ab einem gewissen Punkt beschloß ich, meine Identität an der Grenze zurückzulassen«, sagte sie. »Ich dachte bei mir, okay, du hast keine Identität. Und ab da war ich imstande, das Land so zu erfahren, wie es ist, auf einer unverfälschteren Ebene, und es schließlich liebzugewinnen.«

Diese Identitätskrise wirkte sich auch in professioneller Hinsicht aus. Sie ließ Michelle diese sowjetische Frau Katya, die sie darstellte, neu verstehen. Sie veränderte den Blickwinkel, mit dem sie an die Portraitierung der Katya heranging, um ihre neuen Einsichten in die Daseinsweise einer sowjetischen Frau mit einzubeziehen. Zunächst war es für sie ein Problem, Katyas Mitte zu finden, worüber sie in einem Interview mit Robert Seidenberg im Januar 1991 berichtet: »Die Frau, die ich spiele, muß mir wirklich am Herzen liegen, deshalb war die Madame de Tourvel in *Dangerous Liaisons* auch so schwierig für mich. Es ist wirklich nicht einfach, in so vielen Szenen ein Opfer zu spielen, weil ich diese Opfer weder besonders interessant noch anziehend finde. Und Katya war schwer zu spielen, weil sie zwar (als Verbindungsglied zwischen Dante und den Briten) aktiv an den Ereignissen teilnimmt, aber doch etwas passiv ist.«

Michelle wollte aber Katya in ihren kulturellen Kontext zurückstellen, um sie interessant und liebenswert zu machen. Ihr wurde klar, sagt sie, »daß die sowjetische Frau doch noch sehr viel passiver ist als eine amerikanische Frau. Es ist nach wie vor eine sehr patriarchalische Kultur.«

Aber doch eine Kultur, die sehr viel zu bieten hat, und Michelle

Als Star hat man gut lachen

revanchierte sich, wenn sie konnte. Mit ihrer Freundlichkeit
gewann sie den Respekt und die Zuneigung der sowjetischen
Filmcrew, so als sie zum Beispiel einmal ihren Mantel um ein

vor Kälte zitterndes russisches Kind legte, das im Film Katyas Tochter spielt. Und Michelle entwickelte durch diesen Essensvorfall ein tiefes Gespür für das, was wichtig ist und was nicht. Sie fand ihre »höhere Ebene«. In einem Interview mit Hinson vom *Esquire* sagt sie im Zusammenhang mit ihrer persönlichen

Entdeckungsreise, die mit *Twelfth Night* ihren Anfang nahm und ihren Gipfelpunkt mit der Identitätskrise bei *Russia House* erreichte: »Normalerweise spielen persönliche Gründe bei der Wahl meiner Projekte keine Rolle.

Doch diesmal war es so. Ich wollte mich durch einen Schock auf eine höhere Ebene bringen. Jedenfalls auf eine andere Ebene als die, auf der ich war. Ich wollte aus dem alten Trott raus. Aus diesem Grund spielte ich auch in New York in *Twelfth Night* mit, aber es hat mich nicht ganz da hingebracht, wo ich hinwollte. *Russia House* aber hat es getan. Es verändert dich, wenn du deine Identität aufgibst. Ich bekam sie natürlich wieder, aber in einer einfacheren und klareren Form. Wenn du dich in eine Situation begibst, die völlig im Gegensatz zu dem steht, was du bist, dann ist das für dich in jedem Moment eine Herausforderung und für deine Identität.«

Michelle sagt, daß sie an einem Punkt anlangte, wo sie nicht mehr wußte, wer sie war, daß sie aber dank *Russia House* allen Ballast loswurde, und das, was übrig blieb, war nur noch die »Substanz«. Und etwas wehmütig setzt sie hinzu: »Dann natürlich, als ich zwei Tage wieder zuhause war, verlor sich das, und alles war wieder wie zuvor.«

Es fällt schwer, ihren bescheidenen Worten Glauben zu schenken. Sie hat sich bemüht, nicht nur in ihrer Arbeit, sondern auch innerlich Fortschritte zu machen. So erzählte sie zum Beispiel 1986 Tracy Young in einem Interview, daß sie bis vor sechs Jahren nicht ein einziges Buch gelesen hätte. Nun aber ist sie, Kloves zufolge, eine »zwanghafte Autodidaktin« und arbeitet hart an ihrer Bildung. Einer ihrer gehüteten Schätze ist ein Band mit Shakespeares Werken, den ihr ihr Agent nach ihrem Auftritt in *Twelfth Night* geschenkt hatte. Während einer Drehpause bei *Russia House* wurde sie gesichtet, wie sie sich eine Aufführung eines Stücks von Tschechov ansah (Sean Connery bevorzugte zur Entspannung den Golfplatz). Sie belegte eine Vorlesung über mittelalterliche Philosophie an der Universität von Kalifornien in Los Angeles. Sie baute sich ihren Adobekamin in ihrem Heim in Santa Monica selbst, eine Herkulestat, die viel Energie und sich selbst angeeignete Kenntnisse erforderte. Michelle, wie die Entwicklung ihrer Karriere und ihre Bemühungen, neben ihrem Schauspielerhandwerk so viele andere Dinge wie möglich zu lernen, zeigen, ist eine Person, die sich um Außerordentlichkeit bemüht. Und das mit Erfolg. Was sie bringt, das ist exzellent.

Eine Zukunft, die gut aussieht

Es sieht so aus, als sei Michelle in Zukunft sehr beschäftigt. Bei Fertigstellung dieses Manuskripts drehte sie gerade *Frankie und Johnny* mit Al Pacino als Partner, einen romantischen Film für ein breites Publikum. Künftige Projekte beinhalten die sehr begehrte Rolle von Catwoman in *Batman II* (Warner Brothers). Dann *Love Field,* eine Liebesgeschichte zwischen Angehörigen verschiedener Rassen, bei der es um das Thema persönlichen Muts geht. Und schließlich Martin Scorceses Filmversion des Romans von Edith Wharton *Age of Innocence* (Fox). Bei der Produktion von *Love Field* gibt es gegenwärtig einige Probleme, die vor allem mit den finanziellen Schwierigkeiten der Muttergesellschaft Orion zu tun haben.

Michelle mußte eine Hauptrolle in *Mr. Jones* ausschlagen, in der sie die Psychotherapeutin eines von Richard Gere dargestellten manisch depressiven Mannes gespielt hätte, weil sich der Drehplan nicht mit den Dreharbeiten zu *Batman II* vereinbaren ließ.

Abgesehen von ihren schauspielerischen Aktivitäten ist Michelle noch mit einigen eigenen Projekten beschäftigt. Zusammen mit ihrer engen Freundin Kate Guinzburg, mit der sie die Pfeiffer-Guinzburg Productions gegründet hat, arbeitet sie an verschiedenen Projekten, wobei sie in einigen in Hauptrollen mitspielen, andere *nur* produzieren wird. Zu diesen Projekten gehört übrigens auch das strittige *Love Field.* Weiter vorgesehen ist eine Adaption des komödiantischen Romans *Dear Digby* von Carol Muke-Dukes, in dem Michelle eine Hauptrolle übernehmen soll. Dann *Tabloid,* ein von Barry Strugatz und Mark R. Burns (Autoren von *Married to the Mob*) für Michelle und Cher geschriebenes Script, in dem es um die Regenbogenpresse und das Recht auf Initimsphäre geht. Und schließlich *The Crown of Columbus* von den beiden bekannten Autoren Louise Erdrich und ihrem Mann Michael Dorris, ihr erstes Produkt einer gleichberechtigten Zusammenarbeit.

Doch Michelles Produktionsgesellschaft arbeitet unter der Schirmherrschaft der in Schwierigkeiten steckenden Orion Pictures mit einer Erstoption auf deren Projekte, weshalb über die zeitliche Realisierung all dieser Vorhaben im Moment nichts ausgesagt werden kann.

Auch mit *Frankie und Johnny,* ein »absolut reiner New York-Film«, wie es die ausführende Produzentin Alexandra Rose formulierte – Drehbuchautor, Regisseur und die Darsteller sind ebenfalls alle New Yorker –, gab es zunächst Probleme und der Film wäre beinahe nicht in New York produziert worden. Zwischen den Gewerkschaften und größeren Studios tobte gerade ein erbitterter Kampf um neue Vertragsbedingungen, und Rose, Regisseur Garry Marschall (*Pretty Woman*) und Paramount Pictures sahen sich bereits nach einem anderen Drehort um, als es in buchstäblich letzter Minute doch noch zu einer Einigung kam. »Wir zogen Pittsburgh, Toronto und Hoboken als Ausweichmöglichkeiten in Betracht, aber ich bin froh, daß wir dann doch nicht dort hinmußten«, erzählte Marshall Barry Lane vom *The Hollywood Reporter.* »Es ist wirklich ganz und gar eine New York-Story und ein New York-Film. New York ist einfach essentiell für diesen Film, und es ist schön, daß wir ihn nun dort drehen können.«

Das Script von Terrence McNally ist eine Adaption des Bühnenstücks *Frankie und Johnny in the Clair de Lune* und erprobt »die Möglichkeiten der Liebe nach vierzig.« Es erzählt die Geschichte von einem Schnellküchenkoch und einer Serviererin in Nick's Apollo Cafe, die sich trotz Frankies Ängste vor einer Beziehung ineinander verlieben. Johnny muß seine ganze Überredungskunst aufbieten, um die mißtrauische Serviererin für sich zu gewinnen. Mit der Beharrlichkeit, mit der er Frankie umwirbt, nimmt er den Kampf gegen die Einsamkeit auf. »Es ist kein Märchen«, sagt Marshall«, sondern eine wirklichkeitsnahe Liebesgeschichte ganz normaler Leute, die sich mit den universellen Problemen von Liebe, Einsamkeit, Sex, Selbstachtung, dem ganzen menschlichen Dilemma herumschlagen. Der Film ist all den Frauen gewidmet, die glauben, daß ihr

Ritter in weißer Rüstung von einem Laster überrollt wurde und nun nicht mehr aufkreuzt. Und all jenen Kerlen, die sich ganz sicher sind, daß Cinderella irgendwo eingesperrt hockt und weder vor noch nach Mitternacht auftauchen wird.

Die meisten Menschen führen in unserer heutigen komplizierten Gesellschaft kein wunderbares Leben. Sie bringen ihren Ballast in die Beziehung mit. In *Frankie und Johnny* geht es darum, wie du diesen Ballast aussortierst und trotzdem eine Beziehung hast, da niemand vollkommen ist.«

Garry Marshalls vorangegangener Film und zweitgrößter Kassenknüller von 1991, *Pretty Women* bezeugt das starke Bedürfnis der Menschen, an eine funktionierende Liebesbeziehung glauben zu können, obwohl hier die Darstellung banalen Alltagslebens, wie etwa in einem Nick's Apollo Cafe, vermieden wird. Doch übernimmt Marshall einige der erfolgreichen Elemente aus *Pretty Woman* für die unverfroren auf gute Laune abzielende Rezeptur von *Frankie und Johnny*. So spielt zum Beispiel Hector Elizondo, der für seine Rolle als gesellschaftlicher Mentor Julia Roberts in *Pretty Woman* viel Beifall erhielt, Nick, den Besitzer des Apollo Cafes. Hier allerdings tritt er weniger freundlich auf. Er ist sich nicht sicher, ob er eine Liebesaffäre zwischen seinen Angestellten billigt.

Auch Frankie hat wie gesagt ihre Zweifel, aber sie, die schon mal im Gefängnis saß, glaubt doch an die Fähigkeit, mit irgend etwas erfolgreich zu sein, auch wenn es früher nicht geklappt hat. Michelle kommentiert im Zusammenhang mit der aufblühenden späten Liebe der beiden: »Das ist das Wunderbare und das Traurige am Menschlichsein. Egal, wie oft wir verletzt worden sind, wir bringen es doch immer wieder fertig zu hoffen und uns noch einmal zu öffnen.«

Leeza Gibbons vom *Entertainment This Week* erzählte sie, daß der Film eine Aussage über Einsamkeit und Hoffnung und Liebe sei und »über das Nicht Aufgeben, obwohl die Zeiten heutzutage nicht gerade ermutigend sind.«

Wenn Frankie letztlich nicht aufgibt, so soll damit gesagt werden, daß niemand aufzugeben braucht. Frankie hat schon

Der Regisseur Garry Marshall und seine Hauptdarstellerin am Set von ›Frankie und Johnny‹

viel einstecken müssen und versteckt ihre angeschlagene Selbstachtung hinter einem Panzer. Wie Marshall erläutert, ist sie zu Anfang weniger attraktiv, weil sie sich nicht attraktiv fühlt. Alexandra Rose faßt die emotionalen Turbulenzen von Leuten in Frankies Situation zusammen: »Alle sind schon mal in einer Beziehung verletzt und enttäuscht worden. Und die Leute öffnen sich oft aus Furcht nicht für die Liebe. Sie glauben, daß sie der Liebe eines anderen nicht würdig sind. Und da sie sich selbst nicht hoch einschätzen, mißtrauen sie dem Menschen, der sie schätzt. Und am Traurigsten ist es, wenn sie sich vor dem Verlieben fürchten, weil sie Angst haben, der andere wird sie verlassen. Daß sie sich öffnen und verletzlich werden, und dann wieder, wenn sie verlassen werden, total einsam und ins Mark getroffen sind.

121

Da ziehen sie sich lieber in ihr Apartment zurück mit Videorecorder und Pizza und bestehen darauf, eine autonome Person zu sein, die keinen anderen braucht. ›Ich will niemanden. Ich könnte wieder verletzt werden und das will ich nicht mehr‹.

Johnny hingegen ist mit einem gesunden, realistischen Optimismus gesegnet, der davon ausgeht, daß die Möglichkeit zur Liebe jeden Augenblick besteht. Er lebt nicht in der Vergangenheit. Er sieht vielmehr immer die Chance, eine neue und bessere Wahl zu treffen, egal wie alt und desillusioniert man geworden ist.

Daß Michelle die Rolle der Frankie übernahm, war nicht ganz unumstritten, einfach deshalb, weil sie ursprünglich für die Academy Award-Preisträgerin Kathy Bates (*Misery*) vorgesehen war. Michelle, die ja noch nicht über vierzig ist, sah sich einiger Kritik ausgesetzt, die sich an altmodischen und sexistischen Konventionen in bezug auf ihr Aussehen festmachte, statt an ihrem schauspielerischen Können. Außerdem gibt es keinen Grund, Kathy Bates, selbst eine hervorragende Schauspielerin, in physischer Hinsicht in ein Klischee zu stecken.

Al Pacino akzeptierte seine Partnerrolle mit Vergnügen und einiger Verwunderung. Als Michelle am Anfang ihrer Karriere stand, spielte sie in *Scarface* seine Freundin Elvira Hancock, und damals hatte er während der Dreharbeiten kaum Notiz von ihr genommen. Wie Michelle Gibbons vom *Entertainment This Week* erzählte, war sie im Grunde nur zur Unterstützung für Pacinos Tony Montana da. Nun sieht die Sache anders aus. Der Unterschied zwischen beiden Produktionen ist wie Tag und Nacht. Pacino »ist sehr viel netter geworden und ich sehr viel gemeiner.«

Auch in schauspielerischer Hinsicht hat sich einiges verändert. Kritiker Kenneth Turan von der *Los Angeles Times* drückt sich ziemlich direkt aus: »Kein Mensch hätte, nachdem er vor acht Jahren *Scarface* gesehen hat, prophezeit, daß Pacino und Pfeiffer nochmal als Team auftreten würden und daß sie es wäre, die die bessere schauspielerische Leistung bringt.« Fairerweise muß gesagt werden, daß Pacino für seinen Johnny einige gute

Kritiken bekam. Todd McCarthy etwa von *Variety* schreibt: »Sein Werben und sein Wunsch zu geben sind echt, und der Film erhält durch den Schauspieler einen starken Energieschub.«

Michelle Pfeiffer als desillusionierte Kellnerin Frankie

Michelle Pfeiffer als Gangsterliebchen Elvira in ›Scarface‹

Pacino selbst steht Kritik ziemlich gelassen gegenüber: »Wenn du auf all das hörst, was sie sagen, würdest du nie mehr aus dem Haus kommen«, sagte er, interessanterweise Michelle verteidigend, als Kritik an ihrer Übernahme der Rolle laut wurde.

Auch was die damalige Konstellation in *Scarface* angeht, ist

Pacino von erfrischender Offenheit.»Vielleicht war ich einfach ein Idiot und wußte es nicht«, sagte er zu Cyndi Stivers von *Premiere.*»Ist doch immer so, oder? Ich weiß nicht. Ich fühl mich nicht verändert.

Bei *Scarface* hab ich nicht viel mit Michelle gesprochen. Sie wirkte sehr viel unbeteiligter. Ich sah die frühen Anfänge dessen, zu was sie nun geworden ist, aber bei den Proben hat sie sich nicht so hervorgetan wie jetzt. Jetzt steckt sie voller Ideen und trägt viel bei.«

Michelle erinnert sich im selben Artikel daran, daß ihre Beziehung weitaus weniger erfreulich und auch einschüchternder gewesen war als der Spaß, den sie jetzt haben. »Wir beide in einem Zimmer, das war eine Katastrophe. Er war sehr viel introvertierter und schwer zugänglich. Ab und zu erzähl' ich ihm, was er damals alles getan hat, und er kann's nicht glauben.«

Die Dreharbeiten zu *Frankie und Johnny* machten daran gemessen sehr viel mehr Spaß. Zum Teil war die entspannte Atmosphäre das Verdienst Garry Marshalls, der den Darstellern sehr viel mehr Freiheit und Spielraum läßt. Kate Nelligan, die die freche Serviererin Cora in Nick's Apollo Cafe spielt, berichtet, daß er die Schauspieler entwaffnet und nicht einschüchtert. Eine andere Schauspielerin, Laurie Metcalf, sagte bewundernd: »Er setzt die Prioritäten richtig. Das Privatleben hat stets Vorrang. Als er erfuhr, daß meine Tochter krank war, hat er mich sofort nach Hause geschickt.« Wenn er Spenden gibt, dann ohne all das Getöse, das oft andere Prominente damit verbinden. Und er liebt Scherze.

Marschall hingegen äußerte sich über die Ernsthaftigkeit seiner beiden Schauspieler, Pfeiffer und Pacino: »Die beiden sind wahrscheinlich die ernsthaftesten Schauspieler, mit denen ich, die Leute hinter der Kamera eingeschlossen, je gearbeitet habe. Sie kommen, machen ihren Job, und da wird nicht viel herumgetrödelt. Ich spaße gerne und trödle herum.«

Michelle vergleicht Garrys Art, Regie zu führen, mit dem Kochen eines Eintopfs. »Er schmeißt alles in die Brühe«, erzählte sie Stivers. Da kommen Freunde vorbei, da werden Sätze verändert und die Szenen passen auch nicht immer ganz zusammen. Zum Beispiel debattierten Michelle und Garry über ein Frikadellensandwich, das Frankie kurz vor Beginn eines leidenschaftlichen Momentes für Johnny macht. Johnny hat keine Zeit, es zu essen, und Michelle fiel auf, daß es, nachdem sie sich in der Küche geliebt hatten, verschwunden war. Garry hatte es verschwinden lassen, damit das Publikum nicht von der Frikadelle abgelenkt wurde, die mittlerweile vielleicht schon die Fliegen angezogen hätte, wie er scherzhaft bemerkt. Michelle sagte ihm: »Das kannst du nicht machen. Frankie

›Frankie und Johnny‹: Geteiltes Leid ist halbes Leid

Liebe in der Imbiss-Bude: ›Frankie und Johnny‹ (Michelle Pfeiffer und Al Pacino)

hätte sich nie die Zeit genommen, das Sandwich wegzuräumen. Das laß ich dir nicht durchgehen.«

Sie einigten sich schließlich auf einen Kompromiß, die Frikadelle wurde zugedeckt, aber nicht weggeräumt, was Garry zu einer Eingebung für das Ende der Liebesszene verhalf. Solche spontanen Einfälle sind typisch für Garry, aber Michelle mußte sich erst daran gewöhnen. Sie kam zur Arbeit und hatte ihre Sätze parat, die aber dann häufig eine Veränderung erfuhren. In Bezug auf ihre normale Arbeitsroutine erklärt sie: »Wenn du etwas machst, das gut geschrieben ist, dann hat es einen be-

127

stimmten Rhythmus. Und das ist wie Musik für mich. Ich finde den Rhythmus und mag nicht, wenn er unterbrochen wird.« Aber dann merkte sie, daß Garrys lockerere Methoden mal was anderes waren und Spaß machten und schließlich »liebte sie die Arbeit mit Garry sehr.«

Michelle nimmt auch zu ihrer Ernsthaftigkeit Stellung, die sie sich wohl während ihres harten Kampfes um die Verbesserung ihrer Schauspielerkunst erworben hat. Leeza Gibbons von *Entertainment This Week* spielte ihr ein Videoband vor, in dem Michelle mit vierundzwanzig zu sehen ist, was eine witzelnde und verlegene Michelle »anormal« fand. Die meisten Menschen würden nicht mit einem solchen Zeugnis ihres jugendlichen Verhaltens konfrontiert, so als wollte man ihnen sagen: »Schau mal, was für eine Idiotin du bist.« Wie immer geht Michelle hart mit sich um. Doch geht sie auch ein bißchen aus sich heraus und vergleicht ihre damalige »Ungestümheit« mit ihrem jetzigen Wesen: »Jetzt bin ich ein selbstbeherrschter Freak«, sagt sie. »Tatsächlich bin ich wohl ein bißchen zu ernsthaft.«

Teilweise wurden die Gründe für diese rigide Selbstbeherrschung deutlich, als sie über ihren jetzigen Freund, den Schauspieler Fisher Stevens sprach. Verschwiegenheit ist durchaus angebracht, denn unberufene Einmischungen in Privatbeziehungen wirken sich sehr zerstörerisch aus. Und oft genug verlieren die Leute den Kopf, wenn sie mit Berühmtheit konfrontiert werden. Ein sehr zerstörerischer Aspekt von Berühmtheit. »Es gibt nicht viele Leute, die dann ihre Würde bewahren können«, sagt Michelle, »und die, die es können, die willst du nicht verlieren.«

Die Wahrung ihrer Würde war bei Michelles Anstrengungen und Kämpfen sowohl als Schauspielerin wie als Privatperson immer von zentraler Bedeutung. Eine Szene in *Frankie und Johnny* stellte ihre Selbstbeherrschung stark auf die Probe, nämlich die, in der sie ihr Kleid öffnen und sich vor Al Pacino alias Johnny entblößen muß. Die Spannung zerrte an ihr. Leeza berichtete sie, daß ihr schwierige Szenen, emotionale oder solche, in denen sie nackt sein muß, schon eine Woche, bevor sie gedreht werden, zu schaffen machen. Sie brauchte ein paar Drehtage, bis sie sich auf diesen nervenaufreibenden Moment einlassen konnte. Andere Darsteller brachen, von Garry Marshall dazu inspiriert, die Spannung, indem sie zum Spaß eine Szene aufnahmen, in der sie halb entblößt Michelles Sätze rezitierten.

Überraschenderweise war Michelles Ernsthaftigkeit bei ihrer Arbeit in Komödien immer von Vorteil. Früher einmal sprach sie davon, daß sie oft die geradlinige Person in der Komödie war, und das behält sie auch in *Frankie und Johnny* bei. Sie läßt die Komik einer Situation ganz natürlich und von sich aus entstehen, was ihren Rollen immer Glaubwürdigkeit verlieh, und *Frankie und Johnny* ist da keine Ausnahme. Sam McDowell von *Village View* kommentiert ihre Technik: »So sehr sich

Die Serviererinnen beim Bowling. Michelle Pfeiffer, Kate Nelligan und Jane Morris in ›Frankie und Johnny‹

129

Pfeiffer auch bemüht, ihr blendendes Aussehen nicht hervorzukehren und hier praktisch ohne Make-up auftritt, ist sie doch immer noch sehr attraktiv. Doch was sie zu einer so erfolgreichen Schauspielerin macht, ist nicht ihre auffallende Schönheit, sondern das, was sie aus einem Part macht. Als emotional völlig verschlossene Frankie, schafft es Pfeiffer meisterlich, Stimmungsumschwünge und charakterlich aufschlußreiche Momente darzustellen und dringt bis in den Kern einer verwundeten Seele vor. Ihre Emotionen sind immer ehrlich, nie künstlich, und so macht sie es unmöglich, sich des Mitgefühls für Frankie zu entziehen.«

Kenneth Turan schließt sich dem an: »Obwohl es einiges schnippisches Gerede gab, als bekannt wurde, daß Pfeiffer die Rolle in *Frankie und Johnny* übernimmt, und man sie grundsätzlich für zu gut aussehend fand, um eine Serviererin zu spielen, die sich vom Leben nichts mehr erwartet, hat sie das Gegenteil bewiesen. Make-up oder vielmehr kein Make-up verliehen ihrem Gesicht ein flaches, eckiges, fast unauffälliges Aussehen, und ihre realistische doch sanft komische Darstellung ist eine Studie in Einfühlung und Anmut. Wenn es irgendeine Rolle gibt, die diese Frau nicht spielen kann, so ist sie bislang noch nicht darauf gestoßen.«

Angesichts seines ansprechenden Themas und der ersten Kritiken müßte *Frankie und Johnny* eigentlich zum großen Erfolg werden. Es ist ein Film, der leicht zu mögen ist. Das strittige Projekt *Love Field* sieht einer weniger gewissen Zukunft entgegen. Einmal wegen eines latenten Vorurteils, das noch immer in einigen unaufgeklärten Köpfen herumspukt, zum anderen wegen der katastrophalen finanziellen Lage von Orion Pictures. Doch an der Produktion wird trotz der Schwierigkeiten weitergearbeitet.

Love Field ist ein Zeugnis für Michelles persönliche Träume und ihren Mut. Der Film erzählt die Geschichte einer weißen Frau, die zur Beerdigung von Präsident John F. Kennedy am 22. November 1963 unterwegs ist. Lurene Hallets Bus, sie ist eine Hausfrau aus Dallas, bricht auf der Fahrt zusammen. Sie trifft auf einen Schwarzen, der auf der Flucht ist, und zwingt ihn, sie mitzunehmen, und daraus entwickelt sich eine Liebesgeschichte zwischen den beiden.

Auf einen kurzen Augenblick zusammengedrängt, symbolisiert der Film eine ganze Ära. Produzent Midge Sanford bezeichnet *Love Field* als »eine persönliche Reise von Menschen, die nach irgendeinem Sinn in ihrem Leben suchen. Nachdem Lurene Hallett ihr Baby verloren hat, sucht sie nun nach irgend etwas, das ihr das Gefühl von Sinn und Bedeutung gibt. Sie hat sich eine neue Realität geschaffen, indem sie sich nun obsessiv mit den Kennedys befaßt.«

Regisseur Jonathan Kaplan (der unter anderem *The Accused* gemacht hat, für den Jodie Foster 1988 den Academy Award als beste Schauspielerin bekam) sieht den Film als »Nebeneinanderstellung von Tragödien normaler Menschen und einer nationalen Tragödie.« Daß er die Regie für diesen Film übernahm, galt als großer Coup, aber trotz dieses so begabten und bewährten Regisseurs und solcher Stars wie Michelle und Denzel Washington, mußte *Love Field* um die Realisierung schwer kämpfen. Die erste Produktionsgesellschaft ließ das Projekt eine Woche vor Weihnachten 1989 fallen, als »ernste« Filme reihenweise zu Kassenflops wurden.

Andere wollten den Film nur machen, wenn die Beziehung zwischen einem schwarzen Mann und einer weißen Frau platonisch blieb. Michelle, die sich für die Produktion dieses Films einsetzte, seit sie das exzellente Script von Coproduzent Don Roos gelesen hatte, war wütend. »Ich war völlig schockiert«, erzählte sie Robert Seidenberg in einem Interview für *American Film.* »Ich fragte mich, in welchem Jahrhundert wir eigentlich leben?... Da ist dieser wirklich tolle Film, und nur weil er zufällig schwarz und sie zufällig weiß ist, haben alle Angst, ihn zu machen.«

Alle, bis auf Orion Pictures, das wie gesagt mit finanziellen Schwierigkeiten zu kämpfen hat. Es gab aber noch andere Probleme.

Academy Award-Preisträger Denzel Washington, für die Rolle

des Paul Carter vorgesehen, stieg aus. Er begründete dies mit künstlerischen Differenzen, aber man munkelt, daß er nicht mit der Entschärfung dieser »schwarz-weißen« Liebesgeschichte einverstanden war, die angeblich ausgehandelt worden war. Michelle war niedergeschlagen. »Ich hab geweint, als Denzel ging«, erzählte sie Seidenberg. »Da war ein Vorsprechtermin und anschließend stieg er aus. Ich hatte ein Gefühl, als sei ich verlassen worden. So als hätte mich jemand total abgelehnt.« Washington wurde zunächst durch Eriq La Salle ersetzt, der bereits in Eddie Murphys Komödie *Coming to America* zu sehen war, aber kaum war er zu Dreharbeiten in North Carolina angelangt, wurde er seinerseits durch Dennis Haysbert, der in *Major League* auftrat, abgelöst. Orion Pictures begründet diesen Wechsel damit, daß sie, »so wie sich die Geschichte entwickelte, einen älteren Schauspieler« brauchten.

Aber Michelle gab nicht auf. Jonathan Kaplan hatte das Gefühl, daß die Schwierigkeiten Michelle nur um so mehr anspornten. Und sie enttäuschte ihn nicht. Michelle kämpfte hart um die Realisierung des Films. Und tatsächlich gedieh die Sache so weit, daß *Love Field* schließlich im Oktober 1991 in den Verleih kommen sollte. Aber dann verkündete *Screen International,* daß der Film erst 1992 in den Verleih käme. Angeblich bat Michelle um diese Verschiebung, weil Paramount *Frankie und Johnny* im Oktober herausbringen wollte.

Auch die Termine für Michelles andere Projekte mit Kate Guinzburg bleiben bislang im Dunklen. Die Produktionsgesellschaft der beiden wurde einmal gegründet, um dieses Bedürfnis nach Kontrolle zu befriedigen, zum anderen, weil es für eine Frau in Hollywood noch immer schändlich schwierig ist, eine gute Rolle zu finden. »Du mußt dich schon durch eine Menge Material wühlen, bis du eine gute Rolle findest«, sagte Michelle zu Thomas Quinn von *Entertainment Today.*

Guinzburg pflichtet dem bei. Sie sagt: »Ich will die Kontrolle über mein Schicksal übernehmen. Wir wollen Frauengestalten schaffen, die man sonst nicht zu sehen kriegt.« Kate Guinzburg selbst arbeitet hinter den Kulissen. Sie war Produktionskoordinatorin bei *Easy Money* (Orion Pictures), *Ghostbusters, Moscow On The Hudson, Streets of Gold* und *Sweet Liberty* , womit sie sich in der Tat sehen lassen kann. Außerdem war sie Development-Vizepräsidentin für den Produzenten Victor Drai und dann Development-Präsidentin für Laura Ziskin bei Disney.

In ihrem Interview mit Leeza Gibbons für *Entertainment This Week* kommt Michelle darauf zu sprechen, daß Frauen vor der Kamera im Normalfall nicht so gut bezahlt werden wie Männer. Und sie ist der pessimistischen Ansicht, daß sich das erst dann ändern wird, wenn Filme mit weiblichen Stars mehr Geld einspielen. In dieser Hinsicht sind *Thelma und Louise* und *The Terminator II* erfreuliche Ausnahmen von der Regel, aber Michelles Kriterien für das, was sie tut, bemessen sich weniger an Dollarmengen als vielmehr an der Kunst. Ihr Ansatz ist nicht so sehr kommerziell und politisch, sie ist vor allem an der Weiterentwicklung ihres Handwerks interessiert.

Immerhin würde Michelle in dem von ihr und Kate Guinzburg anvisierten Projekt *Dear Digby* die für Leserbriefe zuständige Redakteurin einer feministischen Zeitschrift spielen. Und einer der Leitgedanken der Pfeiffer-Guinzburg Produktionsgesellschaft läßt sich in einer Äußerung Michelles zusammenfassen, die Ryan Murphy 1989 zitiert: »Ich mag Frauenrollen, wenn sie nicht mit irgendwelchem Quatsch verbunden sind. Ich mag Frauen, die die Kontrolle über ihr Leben übernehmen. Das spricht mich an.«

In etwa diese Richtung bewegt sich auch das geplante Projekt *Tabloid,* in dem Michelle wieder zusammen mit Cher auftreten soll, eine Geschichte von einer Frau, die von ihrer besten Freundin verraten wird.

Dann ist da noch das *The Crown of Columbus*-Projekt, das Michelles und Kates Gesellschaft produzieren will. Der Film basiert auf einem demnächst erscheinenden Roman von Louise Erdrich (*Love Medicine* und *The Beet Queen*) und ihrem Mann Michael Dorris, die aber wohl nicht das Drehbuch zum Film schreiben werden.

Der Roman handelt von einer Wissenschaftlerin, die zum Teil indianischer Abstammung ist, und einem Hinweis nachgeht, der sich auf einem Fragment des verlorengegangenen Logbuchs des Christoph Kolumbus findet. Die Eintragung verweist auf »den größten Schatz Europas«. Michelle wird die Rolle dieser Frau übernehmen, die mit ihrem Teenager-Sohn, ihrem Baby und ihrem Liebhaber auf die Bahamas reist, um nach dem Rest des Dokuments zu fahnden. Unterwegs stößt sie auf dessen »finsteren« Besitzer und macht ein paar Entdeckungen, die ihr Leben verändern.

Wie immer auch das Schicksal all dieser Projekte aussehen mag, Michelle mangelt es nicht an Arbeit. 1992 übernimmt sie die Hauptrolle in *Age of Innocence,* Jay Cocks und Regisseur Martin Scorceses getreuliche Adaption des Klassikers von Edith Wharton. Scorcese wird den Film auch produzieren, und Academy Award-Preisträger Daniel Day Lewis (*My Left Foot*) und Winona Ryder werden weitere Hauptrollen übernehmen.

Auch mit diesem Film schien es zunächst Schwierigkeiten zu geben. Twentieth Century Fox bot die tragische Romanze feil, wegen der auf über dreißig Millionen Dollar anwachsenden Produktionskosten, wie man hörte, und Mark Canton von Columbia Pictures schnappte sich das Projekt. Scorcese hält sich allerdings den Rücken frei und Insider prophezeien, daß der Film schließlich bei Universal landen wird.

Age of Innocence erzählt die Geschichte eines sehr pflichtbewußten New Yorker Gentlemans, der sich hoffnungslos in die Cousine seiner Verlobten verliebt. Diese Liebe hat jedoch keine Zukunft. Er muß sich an die strikte Moral der Gesellschaft der 1870er Jahre halten, und zudem ist seine Angebetete eine verheiratete Frau mit zweifelhafter Vergangenheit.

Michelles größter derzeitiger Coup ist jedoch die Rolle von Catwoman in Tim Burtons (Produzent und Regisseur) *Batman Returns.* Das Drehbuch zu diesem neuen Film von Warner Brothers, schrieb Dan Waters, und Michael Keaton spielt wieder die Rolle des Batman, mit dem Michelle in 1988 eine kurze Affäre hatte. In weiterer Besetzung sind Danny DeVito als

›Batman Returns‹ mit Michelle Pfeiffer als Catwoman und Danny DeVito als Pinguin

Erzbösewicht Der Pinguin, Christopher Walken, Paul Reubens (vor allem bekannt für seine Rolle als Pee-wee Herman) als Pinguins Vater, Vincent Schiavelli als The Organ Grinder, und Marlon Wayans als Robin vorgesehen. Michelle selbst ersetzte Annette Bening in dieser sehr begehrten Rolle als böse und verführerische Catwoman, nachdem Bening schwanger geworden war. (Warren Beatty ist der Vater des Kindes.)
Nach dem überwältigenden Erfolg des ersten *Batman*-Films setzte ein heftiger Wettstreit um die Rollen in *Batman Returns* ein. Michelle erbot sich, umsonst in einer kleinen Szene des Films aufzutreten, aber »sie wollten erst nichts davon hören«, erzählte sie Leeza Gibbons. Regisseur Tim Burton war aber nicht so dumm, das Angebot einer so gefeierten Schauspielerin

Die Katze hat sieben Leben. Michelle Pfeiffer als Catwoman auch

zu ignorieren, und Michelle bekam nach Benings Ausfall die Hauptrolle. Wenn sie auf die Rolle scharf war, so befand sie sich in illustrer Gesellschaft. Unter den Bewerberinnen waren Ellen Barkin, Jennifer Jason Leigh, die schwedische Schauspielerin Lena Olin und Sean Young zu finden. Aber man entschied sich bei Warner für Michelle, obwohl das die teuerste Lösung war. Sie erhält 3 Millionen Dollar und eine Beteiligung am Einspielergebnis. Michelle freute sich sehr auf diese Rolle. Regisseur Burton, der das düstere Ambiente des ersten *Batman*-Films und die surreale Welt von *Edward Scissorhands* erschuf, stellt für sie eine Herausforderung dar. »Er ist so aufregend, kreativ und phantasievoll«, sagt sie.

Wenn man sie fragt, welche Rolle sie denn in Zukunft einmal am liebsten spielen wollte, antwortet sie oft: »eine Pennerin«, und gesteht, daß sie oft mit Sehnsucht an die Freiheit eines Lebens auf der Straße denkt. »Ich war immer fasziniert von diesen Frauen, die ganz bewußt auf der Straße leben«, erzählte sie Henry Mietkiewitcz vom *Toronto Star*. »Dehalb hat mich auch diese Pennerin Trudy in Lily Tomlins Show *The Search*

For Signs Of Intelligent Life In The Universe so fasziniert. Könnte mir das auch passieren? In mir ist ein Aspekt, der das Gefühl hat, ich könnte auch so enden, aber in Wirklichkeit denke ich das nicht. Ich habe gearbeitet, seit ich vierzehn bin, und ich war immer ziemlich leistungsfähig.

Aber ich muß zugeben, es gab schon Augenblicke – diese esoterischen Momente von Unbestimmtheit, wenn nichts irgendeinen Sinn hat –, in denen ich die Freiheit und die Verlockung dieser Art von Leben verstehen kann. Und dann frage ich mich, wie das wohl für mich sein würde.«

Im Zusammenhang mit ihrer Sehnsucht nach Veränderungen in mehr persönlicher Hinsicht fängt sie allmählich auch an, von

Catwoman (Michelle Pfeiffer) und Batman (Michael Keaton) ohne Maske

Michelle Pfeiffer ist auf Parties und Galas nie allein

längeren Arbeitspausen zu sprechen und davon, daß sie Kinder haben möchte. Für eine Schauspielerin ist es schwierig, das Privatleben mit einer erfolgreichen Karriere zu vereinbaren, und ihre Karriere war außerordentlich erfolgreich. Sie hat seit *Falling In Love Again* im Jahr 1980 einen sehr langen Weg

zurückgelegt. Michelle selbst ist, was ihre Zukunft angeht, optimistisch, was bei einer ehemaligen Supermarktangestellten, die für den Oscar nominiert wurde, nicht allzu sehr überrascht. Sie weiß, daß Träume wahr werden können. Und wie sie Clarke Taylor 1988 sagte: »Ich denke, letztlich dreht sich alles um das innere Gleichgewicht, und ich glaube, man kann daran arbeiten, dieses Gleichgewicht zu finden.«

Filmographie

1980

FALLING IN LOVE AGAIN / Midlife Crisis
USA/103 bzw. 95 Minuten/Farbe
Regie: Steven Paul
Drehbuch: Steven Paul, Ted Allen & Susannah York
Kamera: Michael Mileham, Dick Bush & Wolfgang Suschitzky
Musik: Michel Legrand
Schnitt: Bud Smith, Douglas Jackson & Jacqueline Cambas
Produktion: International Picture Show of Atlanta (Steven Paul)
Darsteller: Elliott Gould, Susannah York, Stuart Paul, Kaye Ballard, Robert Hackman, Steven Paul, MICHELLE PFEIFFER (die junge Sue Wellington), Cathy Tolbert, Todd Hepler, Herbert Rudley

THE HOLLYWOOD KNIGHTS
USA/95 Minuten/Farbe
Regie: Floyd Mutrux
Drehbuch: Floyd Mutrux
Produktion: Columbia Pictures/Polygram
Darsteller: Tony Danza, Robert Wuhl, MICHELLE PFEIFFER (Suzy Q), Fran Drescher, Leigh French, Randy Gornel, Stuart Pankin, P. R. Paul, Richard Schaal, Debra Feuer

1981

CHARLIE CHAN AND THE CURSE OF THE DRAGON QUEEN / Charlie Chan und der Fluch der Drachengöttin
USA/95 Minuten/Farbe
Regie: Clive Donner
Drehbuch: Stan Burns & David Axelrod
Kamera: Paul Lohmann

Musik: Patrick Williams
Produktion: United Artists/American Cinema/Jerry Sherlock
Darsteller: Peter Ustinov, Lee Grant, Angie Dickinson, Richard Hatch, Brian Keith, Roddy McDowall, Rachel Roberts, Johnny Sekka, MICHELLE PFEIFFER (Cordelia Farrington III), Paul Ryan

1982

GREASE II
USA/114 Minuten/Farbe
Regie: Patricia Birch
Drehbuch: Ken Finkleman
Kamera: Frank Stanley
Musik: Louis St. Louis
Songs: diverse
Produktion: Paramount (Robert Stigwood & Allan Carr)
Darsteller: Maxwell Caulfield, MICHELLE PFEIFFER (Stephanie Zinone), Adrian Zmed, Lorna Luft, Eve Arden, Sid Caesar, Tab Hunter, Connie Stevens, Didi Conn, Dody Goodman

1983

SCARFACE / Al Pacino Scarface
USA/170 Minuten/Farbe
Regie: Brian De Palma
Drehbuch: Oliver Stone
Kamera: John A. Alonzo
Musik: Giorgio Moroder
Schnitt: Jerry Greenberg & David Ray
Ausstattung: Ed Richardson
Produktion: Universal (Martin Bregman)
Darsteller: Al Pacino, Steven Bauer, MICHELLE PFEIFFER (Elvira Hancock), Mary Elizabeth Mastrantonio, Robert Loggia, Miriam Colon, F. Murray Abraham, Paul Shemar, Harris Yulin, Angel Salazar

1985

INTO THE NIGHT / Kopfüber in die Nacht
USA/115 Minuten/Farbe
Regie: John Landis
Drehbuch: Ron Koslow
Kamera: Robert Paynter
Musik: Ira Newborn
Ausstattung: John Lloyd
Produktion: Universal (George Folsey, Jnr. & Ron Koslow)
Darsteller: Jeff Goldblum, MICHELLE PFEIFFER (Diana), Richard Farnsworth, Irene Papas, Paul Mazursky, Roger Vadim, David Bowie, Kathryn Harrold, Dan Aykroyd, Bruca McGill, Vera Miles, Clu Gulager

LADYHAWKE / Der Tag des Falken
USA/124 Minuten/Farbe
Regie: Richard Donner
Drehbuch: Edward Khmara, Michael Thomas & Tom Mankiewicz
Kamera: Vittorio Storaro
Musik: Andrew Powell
Schnitt: Stuart Baird
Ausstattung: Wolf Kroeger
Produktion: Warner Bros./Fox (Richard Donner & Lauren Schuler)
Darsteller: Matthew Broderick, Ritger Hauer, MICHELLE PFEIFFER (Isabeau), Leo McKern, John Wood, Ken Hutchinson, Alfred Molina

1986

SWEET LIBERTY / Sweet Liberty
USA/107 Minuten/Farbe
Regie: Alan Alda
Drehbuch: Alan Alda

142

Kamera: Frank Tidy
Musik: Bruce Broughton
Schnitt: Michael Economou
Ausstattung: Ben Edwards
Produktion: Universal (Martin Bregman)
Darsteller: Alan Alda, Michael Caine, MICHELLE PFEIFFER
(Faith Healy), Lillian Gish, Bob Hoskins, Saul Rubinek, Lois
Chiles, Lise Hilboldt

1987

AMAZON WOMEN ON THE MOON / Amazonen auf dem Mond oder warum die Amerikaner den Kanal voll haben
USA/85 Minuten/Farbe & schwarz-weiß
Regie: Joe Dante, Carl Gottlieb, Peter Horton, John Landis &
Robert K. Weiss
Drehbuch: Michael Barrie & Jim Mulholland
Kamera: Daniel Pearl
Schnitt: Bert Lovitt, Marshall Harvey & Malcolm Campbell
Ausstattung: Ivo Cristante
Produktion: Universal Pictures (Robert K. Weiss)
Darsteller: Rosanna Arquette, Carrie Fisher, Steve Guttenberg,
MICHELLE PFEIFFER (Brenda), Sybil Danning, Paul Bartel,
Lou Jacobi, Arsenio (Hall), Russ Meyer, B. B. King

WITCHES OF EASTWICK / Die Hexen von Eastwick
USA/118 Minuten/Farbe
Regie: George Miller
Drehbuch: Michael Cristofer, nach dem Roman von John
Updike
Kamera: Vilmos Zsigmond
Musik: John Williams
Schnitt: Richard Francis-Bruce & Hubert C. de la Bouillerie
Ausstattung: Polly Platt
Produktion: Warner Bros. (Neil Canton, Peter Guber & Jon
Peters)

Darsteller: Jack Nicholson, Cher, Susan Sarandon, MICHELLE PFEIFFER (Sukie Ridgemont), Veronica Cartwright, Richard Jenkins, Keith Jochim, Carel Struycken, Helen Lloyd Breed, Caroline Struzik

1988

MARRIED TO THE MOB / Die Mafiosi-Braut
USA/103 Minuten/Farbe
Regie: Jonathan Demme
Drehbuch: Barry Strugatz & Mark R. Burns
Kamera: Tak Fujimoto
Musik: David Byrne
Schnitt: Craig McKay
Ausstattung: Kristi Zea
Produktion: Fox (Kenneth Utt & Edward Saxon)
Darsteller: MICHELLE PFEIFFER (Angela DeMarco), Matthew Modine, Dean Stockwell, Mercedes Ruehl, Alec Baldwin, Trey Wilson, Joan Cusack, Oliver Platt, Paul Lazar, »Sister« Carol East

DANGEROUS LIAISONS / Gefährliche Liebschaften
USA/120 Minuten/Farbe
Regie: Stephen Frears
Drehbuch: Christoper Hampton, nach dem Briefroman von Choderlos de Laclos
Kamera: Philipp Rousselot
Musik: George Fenton
Schnitt: Mick Audsley
Ausstattung: Stuart Craig
Produktion: Lorimar Film Entertainment & NFH Ltd. (Norma Heyman & Hank Moonjean)
Darsteller: Glenn Close, John Malkovich, MICHELLE PFEIFFER (Madame de Tourvel), Swoosie Kurtz, Keanu Reeves, Mildred Natwick, Uma Thurman, Peter Capaldi, Joe Sheridan, Valerie Cogan

TEQUILA SUNRISE / Tequila Sunrise
USA/116 Minuten/Farbe
Regie: Robert Towne
Drehbuch: Robert Towne
Kamera: Conrad L. Hall
Musik: Dave Grusin
Schnitt: Claire Simpson
Ausstattung: Richard Sylbert
Produktion: Warner Bros. (Thom Mount)
Darsteller: Mel Gibson, Kurt Russell, MICHELLE PFEIFFER (Jo Ann Vallenari), Raul Julia, J. T. Walsh, Arliss Howard, Ayre Gross, Gabriel Damon, Garret Pearson, Eric Thiele

1989

THE FABULOUS BAKER BOYS / Die fabelhaften Baker Boys
USA/113 Minuten/Farbe
Regie: Steve Kloves
Drehbuch: Steve Kloves
Kamera: Michael Ballhaus
Musik: Dave Grusin
Schnitt: Bill Steinkamp
Ausstattung: Jeffrey Townsend
Produktion: Twentieth Century Fox (Paula Weinstein, Sydney Pollack & Mark Rosenberg)
Darsteller: Jeff Bridges, Beau Bridges, MICHELLE PFEIFFER (Susie Diamond), Ellie Raab, Jennifer Tilly, Xander Berkeley, Dakin Mathews, Gregory Itzin, Wendy Girard, David Coburn

1990

THE RUSSIA HOUSE / Das Rußland-Haus
USA/UdSSR/123 Minuten/Farbe
Regie: Fred Schepisi
Drehbuch: Tom Stoppard, nach dem gleichnamigen Roman von John Le Carré

Kamera: Ian Baker
Musik: Jerry Goldsmith
Schnitt: Peter Honess
Ausstattung: Richard MacDonald
Produktion: MGM/United Artists (Fred Schepisi & Paul Maslansky)
Darsteller: Sean Connery, MICHELLE PFEIFFER (Katja), Klaus Maria Brandauer, Roy Schneider, James Fox, John Mahoney, Michael Kitchen, J. T. Walsh, Ken Russell, David Threlfall

1991

FRANKIE AND JOHNNY / Frankie & Johnny
USA/118 Minuten/Farbe
Regie: Garry Marshall
Drehbuch: Terrence McNally
Kamera: Dante Spinotti
Musik: Marvin Hamlisch
Schnitt: Battle Davis & Jacqueline Cambas
Ausstattung: Albert Brenner
Produktion: Paramount (Garry Marshall)
Darsteller: Al Pacino, MICHELLE PFEIFFER (Frankie), Hector Elizondo, Kate Nelligan, Nathan Lane, Jane Morris, Al Fann, Greg Lewis, Fernando Lopez, Glenn Plummer

1992

BATMAN RETURNS / Batmans Rückkehr
USA/126 Minuten/Farbe
Regie: Tim Burton
Drehbuch: Daniel Waters
Kamera: Stefan Czapsky
Musik: Danny Elfman
Schnitt: Chris Lebenzon
Ausstattung: Bo Welch
Produktion: Warner Bros. (Denise Di Novi & Tim Burton)

Darsteller: Michael Keaton, Danny DeVito, MICHELLE PFEIF-FER (Catwoman/Selina), Christopher Walken, Michael Gough, Michael Murphy, Christi Conaway, Andrew Bryniarski, Pat Hingle, Vincent Schiavelli

LOVE FIELD
Regie: Jonathan Kaplan
Drehbuch: Don Roos
Produktion: Orion Pictures
Darsteller: MICHELLE PFEIFFER (Lurene Hallett), Dennis Haysbert, Brian Kerwin, Stephanie McFadden

AGE OF INNOCENCE
Regie: Martin Scorsese
Drehbuch: Martin Scorsese & Jay Cocks
Produktion: Columbia
Darsteller: MICHELLE PFEIFFER, Daniel Day Lewis, Winona Ryder

BIBLIOGRAPHIE

Ansen, David: »Serious Screen Queen.« In *Elle,* Juni 1988, S. 56–68.

Ansen, David: »Fabulous Pfeiffer.« In *Newsweek,* 6. November 1989: S. 64 ff.

Ansen, David: »Return to Rydell High.« In *Newsweek,* 14. Juni 1982, S. 88.

Ardmore, Jane: »Back to High School With ›Grease 2‹.« In *San Antonio Light, Sunday Woman,* 6. Juni 1982.

Benson, Sheila: »Stereotypes Sour ›Sweet Liberty‹.« In *Los Angeles Times,* 14. Mai 1986: S. 1, 10.

Blum, David: »Hollywood Shakespeare: Joe Papp Sprinkles Stardust on ›Twelfth Night‹.« In *New York,* 19. Juni 1989: S. 29–34.

Brantley, Ben: »The Enigma Next Door.« In *Vanity Fair,* Februar 1989: S. 121f., 169–70.

Byrge, Duane: »Sweet Liberty.« In *Hollywood Reporter,* 24. April 1986: S. 3, 7.

Carter, Graydon: »Starface.« In *Vogue.* September 1989: S. 419, 475.

Collins, Glenn: »Back in the Maelstrom; Filming Resumes.« In *New York Times,* 23 Mai 1991.

Eller, Claudia: »Day Lewis Pacts For Fox Duo.« In *Variety,* 15. November 1990.

»Falling In Love Again.« In *Premiere*: Heft 52.

»Grease 2.« In *Variety,* 4. Juni 1982.

Griffin, Nancy: »Cher.« In *US Magazine.* Okober 1991: S. 44–47, 50f.

Henry III, William A: »Star Time in Central Park.« In *Time.* 17. Juli 1989: S. 91.

Hinson, Hal: »Michelle Pfeiffer As A Work In Progress.« In *Esquire.* Dezember 1990: S. 119f., 122, 124, 126.

Honeycutt, Kirk: »Michelle Pfeiffer: Pushing for Perfection.« In *Cosmopolitan.* Mai 1984: S. 254.

Kael, Pauline: »Sweet Liberty.« In *New Yorker.* 2. Juni 1986.

Kaplan, James: »Fabulous, Foxy Michelle Pfeiffer.« In *Cosmopolitan.* Januar 1989: S. 127–129, 141.

Kaufman, Joanne: »She Taught Michelle Pfeiffer to Sing Like A Pro.« In *Wall Street Journal.* 31 Oktober 1989: S. A20.

Ketchum, Larry: »Peter Horton Plans More Directing.« In *Drama-Logue.* 26. April–2.Mai 1984: S. 21.

King, Andrea: »Scorcese Lose ›Innocence‹ At Fox.« In *Hollywood Reporter.* 18. Oktober 1991: S. 61.

Kobrin, Jerry: »Michelle Pfeiffer Is A Local? Well, Newsweek Says So.« In *Orange County Register.* 19. November 1989: S. 105.

Kobrin, Jerry: »OC Launched A Missile Pfeiffer, With Help From Her Folks.« In *Orange County Register.* 26. November 1989: S. F05.

Koltnow, Barry: »It's Tough To Find A Good Job As A Witch These Days: Orange County Native Michelle Pfeiffer Says ›Frumpy‹ Role Is A Great Career Move.« In *Orange County Register.* 12. Juni 1987: S. 7.

Lane, Lydia: »A ›Thinking‹ Diet Plan.« In *Los Angeles Times Beauty.* 6. Juni 1980: S. 10.

Latham, Caroline: »That Fabulous Pfeiffer Girl. Typical Taurus: Her Secret Self.« In *Jupiter.* Juni/Juli 1990: S. 24–27.

Layne, Barry: »On Location: ›Frankie And Johnny‹.« In *Hollywood Reporter.* 9. Juli 1991: S. 40f.

Lindsey, Robert: »For Michelle Pfeiffer, It Was A Very Good Year.« In *New York Times.* 1. Januar 1989.

Mann, Roderick: »Pfeiffer: Accent On Negative.« In *Los Angeles Times Calendar.* 22. Dezember 1983: S. 1, 5.

Mann, Roderick: »Pfeiffer's Got A Cult Of Her Own.« In *Los Angeles Times Calendar.* 3. März 1985: S. 21.

McCarthy, Todd: »Frankie And Johnny.« In *Variety.* 7. Oktober 1991: S. 3, 13.

McDowall, Sam: »Al & Michelle.« In *Village View.* 11.–17. Oktober 1991: S. 15.

Mietkiewicz, Henry: »Michelle's Not Your Average Glamour Girl.« In *Toronto Star.* 14. August 1988: S. G1.

»More Than ›thirtysomething‹.« In *USA Weekend.* 5.–7. Januar 1990: S. 8.

Murphy, Ryan: »Queen of All The Rushes.« In *20/20.* (London) Dezember 1989: S. 74, 80.

O'Toole, Lawrence: »La Belle Michelle.« In *Marquee.* März/April 1982: S. 12, 14.

»Michelle Pfeiffer.« In *Entertainment This Week.* NBC. KNBC, Los Angeles. 3. November 1991.

Nathan, Paul: »Rights: Greatest Treasure.« In *Publisher's Weekly.* 7. September 1990: S. 65.

»Pfeiffer, Guinzburg Ready 3 Pix.« In *Variety.* 19. März 1990.

»Michelle Pfeiffer.« In *Current Biography Yearbook.* 1990.

Quinn, Thomas: »Michelle And Al On Frankie and Johnny.« In *Entertainment Today.* 11. Oktober 1991: S. 6.

Reed, Rex: »Falling In Love Again.« In *Vogue.* Juli 1980: S. 26.

Robbins, Fred: »Michelle, Ma Belle.« In *US.* 25 März 1985: S. 56f.

Roether, Susan: »Toil and Trouble.« In *American Film.* Juli/August 1987: S. 17–19.

Seidenberg, Robert: »The Fabulous Pfeiffer.« In *American Film.* Januar 1991: S. 22–27.

Siepak, Sandra: »The Fabulous Pfeiffer Girl.« In *Valley*. Januar 1991: S. 25, 27, 29.

Stivers, Cyndi: »Sunny-Side Up.« In *Premiere*. Oktober 1991: S. 48–54.

Stone, Peter: »Blond Venus.« In *Interview*. August 1988: S. 43f., 48, 129.

Taylor, Clarke: »Married To The Job.« In *Chicago Tribune Arts*. 14. August 1988: S. 7.

Turan, Kenneth: »Boy Meets Grill, Gets Girl.« In *Los Angeles Times*. 11. Oktober 1991: S. F1, F12.

Van Meter, Jonathan: »Tough Guise.« In *Vogue*. Oktober 1991: S. 286.

Wallace, David: »Blue-Collar Knight.« In *Los Angeles Times Calendar*. 16. Juni 1991: S. 25, 38.

Washburn, Jim: »Bewitching: Horror And Humor Are Tangible In ›Witches of Eastwick‹.« In *Orange County Register*. 12. Juni 1987: S. 6.

Young, Tracy: »Michelle Pfeiffer: She Only Looks Normal.« In *Vogue*. September 1986: S. 37, 97.

BILDNACHWEIS

action press, Hamburg 69; action press/Huwald, Hamburg 69, 115; action press/Weber/Sipa Press, Hamburg 27; Archiv der Autorin 13, 51, 73, 74, 77; Archiv des Verlags 107, 109, 110, 135, 136, 137; Archiv Dr. Karkosch, Gilching 6, 41, 85, 95, 96, 99; Bildarchiv Engelmeier, München 37, 67, 79, 81, 101, 114; Deutsche Presse-Agentur, München 9; Deutsche Presse-Agentur/Photoreporters, München 49, 91, 138, 139; Film-Archiv Lothar R. Just, Ebersberg 15, 23, 35, 40, 43, 44, 45, 47, 58, 60, 61, 63, 65, 78, 82, 83, 121, 124, 127; Interfoto, München 123, 129; Inter-Tropics, Hamburg 17, 19; Pandis Media/Sygma, München 46; Pandis Media/G. Gorman/Sygma, München 14, 20, 21; Pandis Media/T. O'Neill/Sygma, München 71; Stiftung Deutsche Kinemathek, Berlin 75, 97, 126; Ullstein Bilderdienst/Camera Press, Berlin 106.

Register

HEYNE FILMBIBLIOTHEK

WICHTIGE NACHSCHLAGE-WERKE FÜR JEDEN FILMFAN

HEYNE FILM- UND FERNSEHBIBLIOTHEK

Lothar R. Just

FILM-JAHRBUCH 1991

Über 1000 Filme
Alle Erstaufführungen im Kino, Fernsehen, Video
Deutschland, Schweiz, Österreich

32/153

HEYNE FILM- UND FERNSEHBIBLIOTHEK

JASPER

VIDEO-JAHRBUCH 1991/92

32/200

HEYNE FILM- UND FERNSEHBIBLIOTHEK

Gebhard Hölzl / Matthias Peipp

FAHR ZUR HÖLLE, CHARLIE!

Der Vietnamkrieg
im amerikanischen Film

32/152

HEYNE FILM- UND FERNSEHBIBLIOTHEK

Alain Charlot

DIE 100 BESTEN KRIMINAL-FILME

32/155

HEYNE FILM- UND FERNSEHBIBLIOTHEK

DIE 100 BESTEN WESTERN-FILME

Jean-Marc Bouineau · Alain Charlot
Jean-Pierre Frimbois

32/159

WILHELM HEYNE VERLAG MÜNCHEN

HEYNE FILMBIBLIOTHEK

DIE GROSSEN REGISSEURE

Reinhold Rauh
WOODY ALLEN
Seine Filme – sein Leben

32/154

Willi Winkler
DIE FILME VON FRANÇOIS TRUFFAUT

32/80

BILLY WILDER
Seine Filme – sein Leben

32/116

Alfred HITCHCOCK und seine Filme

von
BODO
FRÜNDT

32/91

WIM WENDERS
und seine Filme

von
REINHOLD
RAU

32/144

WILHELM HEYNE VERLAG MÜNCHEN

HEYNE FILMBIBLIOTHEK

DIE NEUEN STARS IN HOLLYWOOD

32/139

32/147

32/138

32/156

32/109

WILHELM HEYNE VERLAG MÜNCHEN